Erstausstellung mit Arbeiten und Kompositionen des Künstlers

Karl Georg Hemmerich

1. September bis 6. Oktober 2006
In der katholischen Kirche St. Peter und Paul, Höhr-Grenzhausen
Täglich geöffnet von 10.00 – 17.00 Uhr, ausgenommen sind die Gottesdienstzeiten.

Vernissage am Freitag, den 1. September 2006 um 19.00 Uhr

Einführung in die Ausstellung: **PD. Dr. Thomas Noll,**
                                        Kunstgeschichtliches Seminar
                                        der Georg August-Universität Göttingen
Die Einführungsrede zur Vernissage wird jedem Katalog beigefügt.

Alle Exponate sind unverkäuflich.

Zwischenveranstaltung am Mittwoch, den 20. September um 19.00 Uhr
mit Lesungen aus dem Werk und Musikvorträge aus Karl Georg Hemmerichs
kompositorischem Schaffen.
Dauerleihgaben aus dem Nachlass Hemmerichs zur Gestaltung sakraler Räume
sind nach Vereinbarung möglich.

Finissage
Am Freitag, den 6. Oktober um 19.00 Uhr
mit Orgelimprovisationen aus Karl Georg Hemmerichs Kompositionen und
Gespräch über das Gesamtwerk.

Veranstalter:
Evangelische Familien- und Erwachsenenbildung im Dekanat Selters und
katholische Erwachsenenbildung Bildungswerk Westerwald

Alle Rechte vorbehalten
© 2006 Selbstverlag Wolfram Lambrecht
Seeburgerstrasse 13, D-57629 Steinebach a. d. Wied

Fotos: Wolfram Lambrecht
Gestaltung: Wolfram Lambrecht/Christian Wulsch
Druck/Bindung: Druckerei Corzilius, 56242 Selters

ISBN: [978-] 3-00-018877-0

Grußwort

Den Veranstaltern der Ausstellung von Arbeiten und Kompositionen des Künstlers Karl Georg Hemmerich ist mit dieser Ausstellung und dem dazugehörigen Katalog etwas sehr Wichtiges gelungen. Es gibt mittlerweile einige bekannte Namen, die als Kritiker und Widerständler des 3. Reiches Eingang in das allgemeine Bewusstsein gefunden haben. Mit dieser Ausstellung wird ein weiterer Name hinzugefügt. Namen sind für uns oft „Schall und Rauch". Nach alttestamentlichem Verständnis beinhaltet der Name eines Menschen seinen Ruf, sein Ansehen, sein Gedächtnis, seine ganze Person. Insofern ist es wichtig, den Namen eines Menschen nicht in Vergessenheit geraten zu lassen - und mit seinem Namen das, wofür er eingestanden ist. Der Name Karl Georg Hemmerich steht für eine Person, die als vielfach begabter Künstler zugleich eine sensible Wahrnehmung der gesellschaftlichen Situation und der politischen Atmosphäre aufweist. Seine frühe Emigration aus Deutschland (noch vor der sog. Machtergreifung) und seine Abrechnung mit dem Nationalsozialismus vor dessen mörderischer Selbstoffenbarung in Krieg und Massenvernichtung zeigen seinen klaren Blick für das, was kommen würde: *„Deutschland aber wird den Vernichtungskampf aufnehmen! "* So schreibt er 1938 dem Chefredakteur einer Schweizer Zeitung. Zehn Jahre später wird der Bruderrat der Bekennenden Kirche in seinem Darmstädter Wort zu einer ähnlichen Aussage kommen. Karl Georg Hemmerichs Denken war vom christlichen Glauben geprägt. Ebenfalls 1938 schreibt er: *„Der Sturmwind der Zeit wird die Dogmen verwehen, die heilige Flamme des Christentums aber wird er nicht auslöschen, sie heißt: Ehrfurcht vor dem Menschen; wer den Mut hat, der füge hinzu - als dem Ebenbild Gottes. "*

Ich wünsche der Ausstellung einen guten Zulauf und hohe Aufmerksamkeit - und ich hoffe auf eine bleibende Erinnerung an den Namen Karl Georg Hemmerich.

Michael Karg, Propst für Nord-Nassau, EKHN

Grußwort

Kunst und Kirche gehören zusammen. Ein Kirchenraum ohne künstlerische Ausgestaltung ist nicht denkbar. Die Kunst spricht unser Herz an. Die Bildersprache ist oft mehr als ein gesprochenes Wort. Die Kunst öffnet uns für eine Sicht der Dinge, die über das "Hier und Jetzt" hinausreicht. Mit ihren Bildern legen viele Künstler auch ein echtes Glaubenszeugnis ab; so auch Karl Georg Hemmerich. Mit der Ausstellung seiner Werke bringen uns die Veranstalter einen Menschen näher, der seinen Überzeugungen kompromisslos treu blieb, *"weil ich ein Mensch und ein Christ bin"* (Brief an einen alten Freund aus der Emigration). Karl Georg Hemmerich schrieb 1933 - in der Zeit des Nationalsozialismus: *"...und glaube, dass meine Werke, die diesen Frieden mit den feierlichsten Mitteln aussprechen, der Menschheit gehören, auch dann noch, wenn die sonderbaren Heiligen dieser Tage längst vergessen und gestorben sind."* In der Tat: So ist es! Ich wünsche den Veranstaltern, dass die Ausstellung einen großen Zuspruch findet.

Heinz-Walter Barthenheier, Katholischer Bezirksdekan

Grußwort

Sehr geehrte Damen und Herren,

ich freue mich, dass es mit diesem Katalog und der damit verbundenen Ausstellung gelungen ist, einen vielseitig begabten, bisher noch unbekannten Künstler mit seinem Gesamtwerk zu würdigen. Ich möchte es hier ganz ausdrücklich als Verdienst von Wolfram Lambrecht herausstellen, dass er es mit großem Einsatz und hoher Sachkenntnis verstanden hat, Karl Georg Hemmerich als „Künstler einer verschollenen Generation" einem größeren Kreis von Personen zugänglich zu machen. Die Biographie liest sich auf dem Hintergrund seines christlichen Menschenbildes so aktuell, dass man unweigerlich ins Nachdenken kommt. Seine Bilder, Zeichnungen und Briefe machen immer wieder Gott und den Menschen zum Thema als Spiegel der menschenverachtenden Ereignisse in der Zeit des Nationalsozialismus. Zitat Karl Georg Hemmerich: *„Mit der Menschenwürde stürzen aber alle anderen Größen, die auf ihr beruhen, nämlich Religion, Kultur und Ethik. Es erhebt sich die große Frage: Hat der Mensch jemals aus eigenen Kräften eine Sinngebung des Daseins, versucht, ohne sich gegen Gott zu erheben?"*

So wünsche ich allen, die sich die Zeit nehmen diesen Katalog zu lesen und die Ausstellung besuchen, sowohl nachdenkliche, als auch angerührte Augenblicke in ein „Leben gegen den Zeitgeist".

Ursula Jakob, Dekanin des evangelischen Dekanats Selters

Grußwort

„Kunst und Kirche" eine Kombination, die über Jahrhunderte eng miteinander verbunden war. In der heutigen Zeit erscheint es eher eine Kombination zu sein, die sich gegenseitig ausschließt. Beiden Seiten tut es gut einander wieder zu entdecken. Die Pfarrgemeinde St. Peter und Paul, Höhr-Grenzhausen, hat sich vorgenommen, im bescheidenen Rahmen dabei mitzuwirken. Seit einigen Jahren führt sie in ihrer Pfarrkirche zu Beginn der Fastenzeit Ausstellungen durch.

Meist haben sie einen Bezug zu dieser Stadt, zu Künstlern der Stadt oder zum Material, das für die Stadt Höhr-Grenzhausen Merkmal ist: Keramik.

Die Ausstellung von Arbeiten und Kompositionen des Künstlers Karl Georg Hemmerich im Herbst 2006 führt weit darüber hinaus. Sie schafft nicht nur eine Verbindung zwischen Kirche und Kunst sondern auch mit einer Zeit, die zur Dunklen Zeit unseres Landes gehört, dem Dritten Reich. Hoffnungsvolle Künstler gerieten ins Abseits, weil ihre Kunst nicht in die Ideologie des Dritten Reiches passte. Die Ausstellung holt Karl Georg Hemmerich aus dem Vergessen heraus. Sie beleuchtet eine vom christlichen Glauben geprägte, vielseitig begabte Persönlichkeit. Sie lässt einen Blick zu auf diese Person, auf eine verdrängte Kunst und nicht zuletzt auf Gestalten des Glaubens. Ich freue mich, dass unsere Pfarrkirche eine solche Ausstellung beherbergen darf.

Alfred Much, Pfarrer der katholischen Pfarrgemeinde St. Peter und Paul, Höhr-Grenzhausen

Einleitung

In dem Buch „Die Kunst der verschollenen Generation" von Rainer Zimmermann findet sich in der Einleitung der folgende Abschnitt:

„Die Jahrgänge von 1890 bis 1905, aufgewachsen in der scheinbar gesicherten Ordnung des Wilhelminischen Reiches und der k.u.k Monarchie, berührt vom Schönheitskult des Jugendstils, stürzten als Jünglinge in das Inferno des ersten Weltkrieges. Dieser Schock und die Entbehrungen der Nachkriegszeit prägten sie tief. Als sie am Ende der zwanziger Jahre bekannt zu werden begannen, wurden sie – zusammen mit den nur wenige Jahre älteren und schon berühmten Expressionisten – während des Dritten Reichs verfemt und ihre Werke aus der Öffentlichkeit verbannt. Viele erhielten Ausstellungs- und Malverbot, emigrierten oder wichen in andere Berufe und versteckte Wohnsitze aus. Meist retteten sie nur das nackte Leben über den zweiten Weltkrieg; in den Bombennächten und durch die Vertreibung ging oft der gesamte künstlerische Ertrag ihres Schaffens verloren. Nach 1945 gerieten die inzwischen Fünfzigjährigen von neuem ins Abseits des Kunstlebens. Von den Publizisten, Museumsleuten und Kunsthändlern von einst lebte kaum noch einer. Der ‚Nachholbedarf an Expressionismus' machte die früher schon bekannten Namen ihrer Vorgänger wieder bekannt – und gleichzeitig wurden die jüngeren Jahrgänge auf Modewellen nach vorne getragen. Dabei hatte diese ‚verschollene Generation' ihren Weg unter unglaublich günstigen Sternen angetreten. Sie konnte die vom Expressionismus errungenen Freiheiten in Farb- und Formgebung übernehmen und zugleich auf die koloristische Kultur des Impressionismus und das noch unausgeschöpfte Vermächtnis Cézannes zurückgreifen. Sie hielt alle Mittel in der Hand, um die schonungslos erfahrene Wirklichkeit gestaltend zu bewältigen."

Es ist nicht die Absicht dieses Kataloges das Werk Karl Georg Hemmerichs zu interpretieren und zu kommentieren. Primär geht es darum den Künstler in seinem gesellschaftlichen, politischen und künstlerischen Umfeld zu Wort kommen zu lassen in einer Zeit, die mit ihren Krisen, Um- und Zusammenbrüchen in der jüngeren Geschichte einmalig dasteht. Die Auswahl der Textauszüge und Abbildungen ist naturgemäß subjektiv, auch wenn versucht wurde, da, wo es Sinn macht, chronologisch vorzugehen und Zusammenhänge zu verdeutlichen.

W.L. im Juni 2006

Karl Georg Hemmerich um 1925

Biographisches

Radierung, signiert, Selbstbildnis, einziger Abzug
(Platte zerstört), 29,7 cm x 27,1 cm
Paris 1913

Das in der Einleitung Gesagte trifft in vielem auch auf KARL GEORG HEMMERICH zu. Er wurde am 29. Mai 1892 in München-Schwabing geboren. Er war das einzige Kind seiner Eltern. Der Vater stammte aus einer Hugenottenfamilie in Toulouse und war am Bayrischen Königshofe tätig. Er fand, der Sohn solle katholisch sein, wie seine Mutter. *„Schließlich würden die Frauen die Hauptarbeit bei der Erziehung leisten".*

Seine Mutter Rosa war eine geborene GREGORY, gebildet und schön. Nach der Revolution 1918 sind die Eltern, mit dem Ende der Wittelsbacher Monarchie nach Altomünster umgesiedelt, um hier ihren Ruhestand zu verbringen.

KARL GEORG HEMMERICH begann auf Wunsch der Eltern eine Ausbildung in einer Münchener Bank. Aber die Neigung künstlerisch tätig zu sein war größer. Er brach die Lehre ab – wohl 18-jährig - und studierte vor dem ersten Weltkrieg in München und Paris an den Kunstakademien. Im Nachlass befinden sich Zeichnungen, die signiert und datiert sind mit „Paris 1913". Wir können annehmen, dass er sich 1912–13 zu seinem Studium in Paris aufhielt und spätestens mit dem Ausbruch des ersten Weltkrieges nach Deutschland zurückkehrte. Das Jahr seiner Rekrutierung ist nicht bekannt. Wahrscheinlich erfolgte sie 1916 als 24-jähriger. Nach einer Verwundung hatte er das Glück, von einem Vorgesetzten, der seine künstlerischen Arbeiten schätzte, in der Schreibstube beschäftigt zu werden und entging so dem erneuten Fronteinsatz.

1919 heiratete er Ursula Ruth Kwilecki, Tochter eines erfolgreichen Arztes aus Breslau. Sie studierte im München Medizin. Ihre Mutter war Jüdin.

Hemmerich verdiente in den 20-er Jahren seinen Lebensunterhalt als Porträtist und Komponist.

Einige seiner frühen Kompositionen wurden in München uraufgeführt. Auch als Maler hatte er erste Erfolge (Siehe Abb.S.14).In den wirtschaftlich schwierigen Jahren gab er Kompositionsunterricht und leitete einen Chor. Es müssen schwere Zeiten für das junge Paar gewesen sein. Er schreibt darüber: *„Die Jahre des Elends haben uns nicht verbittert".*

1925 wurde dem Paar ihr einziges Kind, die Tochter Ursula, geboren.

Schon 1928 emigrierte er auf Grund der sich abzeichnenden politischen Entwicklung mit dem in Deutschland

Studie, Bleistift, signiert, 22,5 cm x 15,5 cm; um 1914

Triptychon, Aquarell, 50 cm x 27 cm, 1914

Radierung, Probedruck, vom Künstler bezeichnet: Totentanz oder Krieg, 18,5 cm x 22,5 cm, 1914

8

Hemmerich im Alter von 22 Jahren
Radierung, signiert und datiert
R. Ehrstuck?, 18 cm x 25 cm, 1914

In Kupfer gestochene und von Hemmerich selbst
gedruckte Einladung zu einer Subscription,
10,5 cm x 11,0 cm, 1921

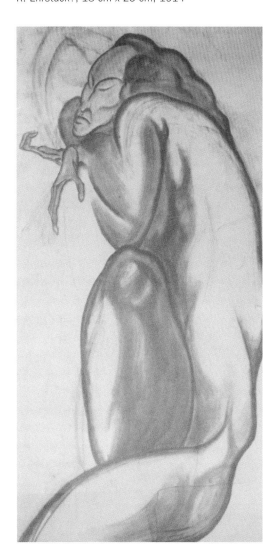

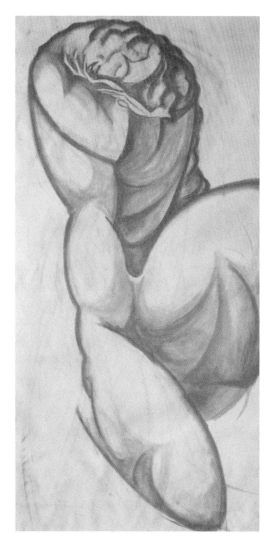

Zwei Studien.
Rötel auf Pergament, je 95 cm x 160 cm, vor 1920

Studie, Kreuzesabnahme,
Bleistift signiert, 26 cm x 35 cm, 1915

zunehmenden aggressiven Antisemitismus in die Schweiz. Die junge Familie bezog ein eigenes, geräumiges Haus in Vevey (Kanton Waadt). Trotz nicht gelungener Einbürgerung – die Nazis hatten auch in der Schweiz ihre fein gesponnenen Netze - konnte er sich dank der Hilfe guter Freunde mit seiner Familie bis Kriegsende in der Schweiz aufhalten, die ihm und seiner Familie dann auch Gastland bis zum Tode blieb.

Durch eine Erbschaft finanziell unabhängig geworden arbeitete er während des Krieges hauptberuflich als freier Maler, Schriftsteller und Komponist. Mit der Ideologie des Nationalsozialismus setzte er sich auch im Exil vehement auseinander. Schon 1935 erschien sein Buch „Das ist der Mensch" im „Bernhard Krohn Verlag" (siehe auch Kapitel „Der Schriftsteller). Schon bald nach dem Erscheinen wurde die gesamte Auflage von der Gestapo beschlagnahmt und vernichtet. Nur ein einziges Exemplar blieb erhalten, welches er bei Ausbruch des 2. Weltkrieges mit anderen belastenden Dokumenten vergraben hatte in der Befürchtung, Hitler könne evtl. mit seiner militärischen Übermacht auch die Schweiz angreifen und besetzen. In dem einzigen erhaltenen Exemplar hat Hemmerich handschriftlich vermerkt: „Livre séquestré et détruit par la Gestapo le 19 mai 1936". Im Mai 1945 schrieb er im Rückblick auf sein Buch (unveröffentlicht):

„Jetzt, nach der deutschen Niederlage möchte dieser Versuch der Verteidigung der allgemeinen Menschenwürde durch einen Deutschen in der Gegenwart seinen Platz finden. Die Ereig-

nisse haben sich bewegt, aber den Gedanken des Verfassers keine andere Richtung gegeben und, da das deutsche Problem durch die Niederlage noch nicht gelöst ist, so möchte ein Versuch, aus der Vielfalt des Geschehens das Wesentliche herauszulösen, sich rechtfertigen. Möge er der Welt zeigen, dass das deutsche Problem vor der Katastrophe, zur Sprache gebracht wurde von einem Europäer deutscher Herkunft. So wird der Unterton von Verzweiflung erst heute verständlich, da die Welt entsetzt an Massengräbern steht ...

Dem Übermenschen ist der Untermensch gefolgt ...

Von der Vorbereitung des deutschen Volkes durch blutrote Plakate ‚Schlagt die Juden tot', die ich 1920 in München gesehen habe, bis zur Machtergreifung war ein weiter Weg: Deutschlands prahlerischer Aufstieg zur ‚Ordnungsmacht' und dieses unter dem Beifalle Europas, welches den Feind, der deutschen Parole blind folgend in Russland vermutete. Jeder moralische und finanzielle Kredit wurde dem Reiche gewährt unter dem Zeichen des Antibolschewismus ...

Waren doch die ersten Opfer des deutschen Systems ‚nur' Juden, später aber Intellektuelle jeder Art. Die Entrechtung der Juden als Staatsbürger und Menschen hat das demokratische Europa nicht empört und das ist seine Mitschuld. Es war mir aber gewiss, dass der Entrechtung der Juden die aller anderen Europäer folgen würde, sobald die Landesgrenzen einmal überschritten waren ...

Es wäre des endlichen Sieges unwürdig, auch die Deutschen, die ‚am an-

11

Bleistiftstudie, 24,5 cm x 28 cm, datiert 1916

Studie, Bleistift, 16 cm x 28 cm, vor 1920

13

München, 6. Juni '22

Herrn
Dr. Diener
Barmen

Beifolgend empfangen Sie:

I.) für die Kunsthalle Barmen:
9 Blätter der grossen Passion   je M 450
Radierungen
(keine Probedrucke)

10 Radierungen „Fantasiestücke"
Probedrucke   je „ 400

1 Exemplar „Fantasiestücke" Japan Bütten „ 600
gebunden   Nr.

1 „   „Kreisleriana auf Bütten   „ 530.-

II. für Kunsthandlg. Lohmann Elberfeld:
9 Radierungen „Grosse Passion   je „ 450.-
(keine Probedrucke)

III. für Sie selbst in Kommission
9 Radierungen „Grosse Passion",   je „ 450
(keine Probedrucke)

Zur Orientierung:
Es kosten:
1. die 10 Fantasiestücke auf Japan   M 900
gebunden

2. das Probedruckexemplar der Passion in Mappe „ 7000
(9 Blätter)

3. das gewöhnl. Exempl. der „Passion" in Mappe „ 3800

Eine Seite aus Hemmerichs Quittungsbuch über getätigte Verkäufe. Die Preise weisen bereits auf die beginnende Inflation hin, die im Jahr 1923 wenig später ihren Höhepunkt erreichte (November 1923: 1 US$ = 4,2 Billionen Mark).

Sebastian Haffner schreibt über diese Zeit: „Das Jahr 1923 machte Deutschland fertig – nicht speziell zum Nazismus, aber zu jedem phantastischen Abenteuer. Die psychologischen und machtpolitischen Wurzeln des Nazismus liegen tiefer zurück, ... Aber damals entstand das, was ihm heute seinen Wahnsinnszug gibt: die kalte Tollheit, die hochfahrend hemmungslose, blinde Entschlossenheit zum Unmöglichen, um am Ende, nur durch die reine Willenskraft und Brillianz über Allem zu stehen; das, Recht ist, was uns ‚nutzt' und, das Wort unmöglich gibt es nicht'. Offenbar liegen Erlebnisse dieser Art jenseits der Grenze dessen, was Völker ohne seelischen Schaden durchmachen können."

14

K. G. HEMMERICH

DAS IST
DER MENSCH

„Der Mensch ist sichtlich geschaffen,
zu denken; das ist seine ganze Würde
und sein ganzes Verdienst. Seine einzige Pflicht ist, richtig zu denken."

Bis zur Drucklegung unseres Kataloges das einzig bekannte, im Krieg vergrabene Exemplar, das der Beschlagnahmung und Vernichtung durch die Nationalsozialisten nicht zum Opfer gefallen ist.

Das Zitat stammt von Blaise Pascal

Die Folge war aber nicht Lebensverneinung, sondern es wurde das Leben, das Dasein, seines bisherigen Wertes beraubt, seine Einmaligkeit aufgehoben; eine neues, höheres Leben trat an seine Stelle.

Ist die Tragödie die Selbstvernichtung des Menschen in einer bestimmten, nur einmal gegebenen Lage, so ist die christliche Idee etwas wesentlich Höheres: die Selbsterhöhung der Kreatur Mensch zum sittlichen Menschen mit einem neuen Selbstbewußtsein, womit zugleich das bisherige Macht-Bewußtsein aufgehoben war.

Hier, an der Zeitenwende, tritt der Mensch für immer aus dem magischen Lebenskreise heraus, und sein neues Vertrauen, sein neuer Glaube haben sich des magischen Wollens für immer begeben; dieses Wollen, als Macht, wurde an Gott zurückgegeben und mit diesem Vorgange hat der Mensch sich im göttlichen Menschenbilde Christi erkannt: Ein neues Vertrauensverhältnis war gegeben.

Die Idee des Opfers ist, sich jeder Macht freiwillig zu begeben, also ein Akt der Selbst-Befreiung ohnegleichen, wenn wir bedenken, daß der magische Mensch immer unfrei war, da er immer einen Stärkeren zu fürchten hatte. Das Sittliche ist aber niemals das Stärkere, sondern das Höhere; keine Steigerung also, sondern eine neue Qualität, eine neue Ordnung.

3. ZEITENWENDE

Es gibt keine Zweifel mehr, daß wir wieder an einer Zeitenwende stehen, jener ähnlich, welche wir als den Zusammenbruch der antiken Welt bezeichnen. Wir haben aber keinen so fruchtbaren Boden mehr, wie jener war, den die Trümmer der antiken Welt bedeckten. Die Antike hat uns das Denken unzähliger wesentlicher Menschen als Erbe hinterlassen, welches wir bis heute als unschöpflich angesehen haben. Und doch ist dieses

32

Doppelseite aus „Das ist der Mensch", erschienen 1936 im Bernahrd Krohn Verlag und durch die Gestapo beschlagnahmt und vernichtet am 19. Mai 1936.

Erbe im Laufe zweier Jahrtausende verbraucht worden durch die allmähliche Zerstörung jener, die berufen waren, es zu erhalten und zu mehren. Schon P. Ernst hat es mit größtem Nachdrucke ausgesprochen: daß unsere geistige Elite, die Menschen also, auf deren Denken die Ordnung der Welt beruht, fast völlig vernichtet ist. Dies ist ein geschichtlich zwar erkennbarer, aber doch unerklärlicher Vorgang, dessen Wurzeln sehr tief liegen, vermutlich in einer allgemeinen Verarmung und Verflachung des sozialen und geistigen Lebens: alle Lebenswerte sind in voller Auflösung.

Die Schwierigkeit, diesen Prozeß, der mit der Renaissance beginnt, zu erkennen, lag nun darin, daß er auf seinem Höhepunkte (etwa seit 1870) begleitet war von einer Bewegung, welche wir „allgemeinen Aufstieg" nennen (der Bildungsproletarier nannte ihn stolz den „Sieg der Wissenschaft über die Materie"). Dieser Aufstieg war von einem Machtrausche ohnegleichen begleitet und ein Geschlecht von Barbaren hat mit einer neuen Macht, der Maschine, die Welt mühelos erobert. Man nannte damals, in schwülstigem Erobererdeutsch, den Wissenschaftler den „Pionier des Fortschritts". Leider sind wir jetzt an dem Punkte, wo es nichts mehr zu erobern gibt, und der Moloch Maschine fletscht seine Zähne, wen er verschlinge. Was die heutige Entwicklung kennzeichnet, sind Menschenopfer; ratlos stehen die Führer der Wirtschaft daneben, von der Furcht vor den Massen, die sie nicht mehr beherrschen, ebenso beunruhigt, als von der Furcht vor dem Moloche selbst und seiner Gefräßigkeit. Eine Lösung ist hier unmöglich, da der Vorgang längst eine Selbstbewegung vorstellt, auf welchen die Vernunft keinen Einfluß mehr hat; Vernunft wäre gewesen, die Macht der Maschine zu begrenzen; was soll jetzt Vernunft einem Vorgange gegenüber, der vernünftige Grenzen längst überschritten hat? Man hat nicht begrenzt, weil man sich einer tieferen Gefahr, welche im Wesen oder Unwesen der Maschine selbst lag, nicht bewußt war; statt der erhofften Befreiung vom „Fluche der Arbeit" sind wir unversehens in das Gegenteil, in deren Ufer standen' in das Massengrab Deutschland zu werfen; sie haben ein Recht gehört zu werden, da sie das Kreuz der Verantwortung schon so lange tragen, als es den Nationalsozialismus gibt, der die schwelende Masse der europäischen Gesellschaftsumschichtung zur Flamme anfachte; unter ihrem schaurlichen Lichte haben wir auf verlorenem Posten gekämpft, ohne dass wir uns jetzt des Sieges freuen dürften. Was nun? Werden wir wieder versuchen, dieses Geschehen zu verstehen, den kausalen Meterstab anlegen an ein vieldeutiges, viel dimensionales Geschehen? Der Mensch will verstehen, will erklären was geschehen ist, statt zu erleben, was geschieht. Es führt aber keine Brücke vom Erlebnis zur Erklärung; Erlebnis kann Klärung werden niemals aber Erklärung … Niemand kann entscheiden, wie viel von der Gesamtschuld den Einzelnen trifft und die Gefahr ist groß, dass die noch lebenden Vertreter des geistigen Deutschlands, die den Anspruch erheben können Europäer zu sein, mit verdammt werden, indem man sie nicht beschützt …

Wenn der Untergang Deutschlands uns eine Lehre sein soll, so müssen wir uns auf die gesellschaftsbildenden Kräfte besinnen, welche andere sind als die des materiellen Wiederaufbaus; die bloße Ansammlung von Menschen innerhalb eines politischen oder geographischen Raumes ist noch keine Gesellschaft und ohne diese ist keine Freiheit … Wir müssen eine neue Freiheit suchen ohne uns durch Schlagworte wie Individualismus und Kollektivismus täuschen zu lassen. Wenn wirtschaftliche Notwendigkeiten allein die Zukunft Europas bestimmen dürfen, dann wird der Kollektivismus das Wesen der Demokratie als individualistisch aufheben. Unversehens kann der Wirtschaftskollektivismus die einzige Form Europas werden, welche dann nicht mehr demokratisch wäre. Die demokratisch-moralischen Grundbegriffe des Staates wie Freiheit, Recht usw. müssen den Vorrang haben vor den wirtschaftlichen, wie zwingend diese auch auftreten mögen … Das Trugbild einer erklärbaren Welt, in der Geschichte vorauszusehen wäre, verschwindet aber im Augenblick der Krisis. Die Vernunft wird durch die Notwendigkeit ersetzt, weil diese eben vernünftig begründet werden muss. Sittlichem Denken allein ist die Begrenztheit der Vernunft fühlbar: es weiß, dass es auch in der Krise sittlich handeln wird".

Anmerkung: In der Enzyklika „Deus caritas est", der ersten Enzyklika des Papstes Benedikt XVI. vom 25.1.2006, also 61 Jahre nach Hemmerichs Stellungnahme vom Mai 1945 zu seinem Buch „Das ist der Mensch" findet sich Folgendes: ‚Der Aufbau gerechter Strukturen innerhalb der Gesellschaft ist zwar Aufgabe der Politik, die dies nach der Maßgabe selbstverantwortlicher Vernunft leistet; die Kirche hat aber eine unmittelbare Aufgabe an diesem Projekt, nämlich die ‚Reinigung der Vernunft zur Weckung der sittlichen Kräfte'.

Es liegt ein Manuskript Hemmerichs vom 17. Nov. 1938 vor, dass er dem Chefredakteur der Schweizer Zeitung „Der Bund", Herrn Ernst Schürch, zuschickte. Es kam nicht zur Veröffentlichung. Ihm schreibt er: „Es ist schon *lange her, dass Sie beinahe einen Artikel von mir gedruckt hätten, der heute noch aktuell wäre. Ich wage es mich wieder einmal zu melden mit einem Beitrage, der als Leitartikel gedacht ist. In der Zeitung liest man freilich solche Gedanken sonst nicht, aber wo sollte man sie denn sonst lesen ... In der kommenden Auseinandersetzung zwischen Demokratie und den ‚Anderen' hat die erstere bis jetzt keine Waffe, als die Tradition, welche keine kämpferische Gegenwart erzeugt; und was wäre Tradition gegen die unwiderstehliche Dynamik des Nihilismus? So heißt die Sache und sein Vorbote heißt Antisemitismus, sein Opfer heißt Demokratie. Aufgabe jeder Tageszeitung wäre es, diesen Sachverhalt dazustellen ohne politische Aspekte, um auch endlich dem 'kleinen Mann' klarzumachen, am Beispiel der Judenhetze, dass nur die Humanität die Demokratie verteidigen kann, nicht umgekehrt. Ich wiederhole mich, wohl oder übel, schon seit zehn Jahren ... Deutschland aber wird den Vernichtungskampf aufnehmen! Jahrlang hat man, auch in der Schweiz, den Teufel rot an die Wand gemalt; erschienen ist er aber braun. Ich lebe und kämpfe für die Schweiz, obgleich ich kein Schweizer bin; ich verdanke ihr vieles und möchte ihr danken, durch die Wahrheit".*

In dem dann folgenden Artikel beschäftigte sich Hemmerich leidenschaftlich mit dem Schicksal der jüdischen Bevölkerung in den deutschsprachigen Ländern Europas. Die Überschrift lautet: „Christus schweigt" ...

Nachfolgend Auszüge aus dem Manuskript:

„Der Jude wird verbrannt", Lessing 1938. ‚Deutsche, die Juden ein Asyl gewähren, machen sich strafbar' Tageszeitung 1938.

Der große deutsche Humanist Lessing hat uns in seinem ‚Nathan der Weise' ein ergreifendes Denkmal der Menschlichkeit hinterlassen, ein Denkmal, das wir eigentlich heute erst feierlich zu enthüllen haben. Es ist die Geschichte eines Juden und wird heute die Aller. Wir reden hier nicht von der einfältigen Weisheit des Juden Nathan, der über die ausgeklügelteste List triumphiert; wir reden davon, dass er Mensch geblieben ist, trotzdem – trotz wessen?

„Ihr wisst wohl aber nicht dass wenig Tag zuvor, in Gath die Christen alle Juden mit Weib und Kind ermordet hatten, wisst wohl nicht, dass unter diesen meine Frau mit sieben hoffnungsvollen Söhnen sich befunden, die in meines Bruders Hause, Zu dem ich sie geflüchtet, insgesamt verbrennen müssen".

Nathan, 4. Aufzug, 7. Auftritt

Nach diesem Schlage hat Nathan sich selbst besiegt und ein hilfloses Christenkind zu sich genommen, es geliebt und erzogen wie sein eigenes. Nach langen Jahren wird entdeckt, dass dieses Kind Jüdin geworden ist, also nicht christlich getauft. Der Jude Nathan kennt die Christen und ahnt sogleich, was kommen muss und kommt. Der Patriarch von Jerusalem trifft die Entscheidung über diesen seltenen Fall von Menschlichkeit, indem er sagt: „Der Jude wird verbrannt". Wie, verbrannt für eine Tat höchster Mensch-

lichkeit? Heute erst begreifen wir die Härte des Patriarchen, der sagen wollte, dass der Jude kein Mensch sei, also auch nicht imstande, Menschenrechte auszuüben und zu fordern. Traurige, unbegreifliche Wahrheit!

Erkennen wir uns selbst in dem furchtbaren Schicksal der Anderen? Die Freiheit aller Menschen wird hier, mit den Juden, auf die Schlachtbank geführt. Sollen jene Christen, denen die Menschenwürde noch ein Besitz ist, sollen jene, die noch ein Brot auf dem Tische, ein Dach über dem Haupte und das Wort Gottes im Munde haben, sollen sie tatenlos zusehen? –

Was sind denn Taten? Nur um eine handelt es sich, deren jeder fähig ist, um diese, dass mit der Vernichtung der Menschenwürde, die jetzt wie eine blutige Wolke über der ganzen Erde liegt, der Nihilismus, als Weltrevolution, unweigerlich jenes Entsetzen über die Menschen bringen muss, das kein Krieg bringen könnte und wäre er noch so grausam. Der Krieg tötet nur die Leiber, aber nicht die Menschenwürde; der Antisemitismus tötet beides. Christus aber, redemptor mundi, ist nur ein Mal gestorben für unsere Freiheit und wenn wir Christen für dieses heilige Vermächtnis nicht kämpfen wollen, dann gibt es kein Christentum mehr.

Wagen wir es doch auszusprechen, dass Christentum und Kirche nicht mehr eines sind; dass die angstvolle Herde in der Finsternis irrt, ohne den guten Hirten, dessen zerbrochener Stab eine Beute geifernder Wölfe ist, die sich zu Führern gemacht haben. Millionen von Menschen fallen jetzt vom Christentum ab und werden Soldaten des Teufels: es ist die Armee des Nihilismus, die jede Existenz verneint. Es ist die letzte Stunde freier Entscheidung für die Demokratie! Möge sie es hören und sich zum Kampfe rüsten für eine Sache, die gewiss ihre eigene ist, denn ohne Ehrfurcht vor den Menschenrechten gibt es keine Demokratie. Nur die Menschlichkeit kann die Demokratie wirksam verteidigen, nicht umgekehrt.

Wohl kann der Staat Gesetze erlassen gegen fremde Einflüsse; was aber sind Gesetze gegen etwas Immaterielles? Stunde um Stunde kommt durch die Ätherwellen die Propaganda der Unmenschlichkeit zu uns, in immaterieller Form. Wer gebietet diesen Wellen? Nur jene, die sie senden und sie sind des Erfolges sicher. Es liegt eine furchtbare Unwiderstehlichkeit in jeder Verneinung und eine Propaganda gegen den Begriff der Menschenwürde ist tödlicher als Giftgas, weil sie alle trifft. Scheuen wir einen grausamen Vergleich nicht. Es gibt überall Tierschutzvereine; Menschenschutzvereine gibt es noch nicht. Rassehunde haben ihre Hütte, unzählige Juden aber, weder wertvoll als Menschen, noch nützlich als Tiere, haben auch diese Hütte nicht mehr. Mögen jene, die sie entehrt, entrechtet, also seelisch vernichtet haben, doch noch den letzten Schritt tun und sie körperlich töten. Erschrecke niemand vor dieser scheinbar grausamen Konsequenz, der nicht den Mut hat, dieses Problem als unlösbar anzusehen. Schon dass es besteht, ist eine Schande für das Christentum als Ganzes und für jeden Christen als Individuum.

Der Sturmwind der Zeit wird die Dogmen verwehen, die heilige Flamme des Christentums aber wird er nicht auslöschen, sie heißt: Ehrfurcht vor dem Menschen; wer den Mut hat, der füge hinzu – als dem Ebenbilde Gottes. Der Mensch kann das Ebenbild Gottes werden durch den Geist, der sich selbst erkennt; dass er aber dieses Ebenbild sei, dagegen sprechen seine Taten. Wer trifft denn die letzten Entscheidungen für oder gegen den Menschen? Der Mensch! Wer Ursache des Todes eines Menschen ist, hat eine letzte Entscheidung getroffen. Dieses sei jenen gesagt, die noch zögern, sich für die Menschlichkeit zu entscheiden, weil sie sich nicht bedroht glauben; sie sind es aber, denn der Nihilismus ist näher, als sie ahnen.

Noch eine Lüge muss hier entlarvt werden, diese, dass das Töten im Jahre 1918 aufgehört habe; es war nur eine Atempause der erschöpften Furie, lange genug, um die Opfer zu begraben, prahlerische Denkmäler zu errichten und neue Opfer zu zeugen. Wahrlich, auf dem Trümmerfelde Europa gibt es nur noch eine Minderheit: es ist der Mensch selbst. Lassen wir die ‚Rassen' und selbst die Religionen beiseite und fragen wir unser Gewissen: Wer auf dieser Erde dürfte es wagen, zu entscheiden, wer ein Mensch sei und wer keiner? Und doch ist die Entscheidung gefallen und das Christentum hat geschwiegen und mit ihm schweigt Christus. Wie lange noch?"

Radierung, wohl einziger Druck aus dem Zyklus
Marienleben. Vom Künstler beschriftet: „Platte zerstört",
16 cm x 20 cm, um 1914

Kreuzerhöhung, Holzschnitt auf Japanpapier, Handabzug, signiert, 35 cm x 46 cm, 1914

In der Zeit des Dritten Reiches brach Hemmerich fast alle Verbindungen nach Deutschland ab. Er musste feststellen, dass auch alte Freunde der Naziideologie anhingen. So schreibt er 1933 an einen Freund aus der Zeit vor der Emigration (auszugsweise):

„Ich habe die Verbindung zwischen Ihnen und mir noch nicht als abgerissen empfunden. Ich kann mir aber andererseits nicht vorstellen, dass unsere persönliche Verbindung nicht leiden würde, wenn Sie fühlen müssten, dass ich gerade das, was Ihnen gegenwärtig das Teuerste scheint, völlig ablehnen muss... Ich kann auch nicht, etwa als Erklärung für eine mir unbegreifliche Denkungsweise, sagen, dass Sie noch jung seien, dass eine blinde Begeisterung Sie hinrisse. Ich nehme also an, dass Sie gute Gründe haben müssen für diese Sache und ich glaube sogar, dass ich diese Gründe kenne: es müssen die sein, die alle anderen Anhänger dieser Bewegung auch anführen und ich muss sagen, dass diese Gründe, mit Pulver und Blei gehörig vorgebracht unwiderstehlich sind ...

Der deutsche Antisemitismus ist einer der Hauptpunkte des nationalen Programmes und mit ihm allein ist in meinen Augen diese Bewegung gerichtet; nicht allein, dass man den Juden die materielle Existenz nimmt: man tut noch etwas viel Schlimmeres, vielleicht das Schändlichste, was man als Mensch überhaupt tun kann: man macht eine Gemeinschaft von Menschen verächtlich, weil sie existieren. Die Ehrfurcht vor dem Leben, als Grundlage des sittlichen Denkens, ist hier auf das Grausamste verletzt. Ich muss darunter leiden, als ob ich ein

Jude wäre, denn ich habe unter dieser unglücklichen Rasse die edelsten Menschen kennen gelernt und von Ihnen Beistand und Förderung auf jede Weise erfahren. Da mir die Dankbarkeit heilig ist, und ich überhaupt ein handelnder Mensch bin, so ist hier das stärkste Gefühl, dessen ich fähig bin, verletzt. Es ist sehr traurig zu sehen, dass die Menschen zu ihren ‚Erhebungen' immer dann am leichtesten zu begeistern sind, wenn es andere Menschen zu vernichten gibt, ja, dass sie ihre Begeisterung gerade aus ihrer Grausamkeit schöpfen ... Denn Sie wissen und müssen wissen, dass dieser Antisemitismus seit Jahren planmäßig vorbereitet und jetzt planmäßig durchgeführt worden ist. Ich klage Sie also mit an, da Duldung hier dasselbe ist wie Handeln. Es wäre mir ein großes Erlebnis gewesen und hätte unsere langjährige Freundschaft gekrönt, wenn Sie von dieser Bewegung überhaupt nicht wären ergriffen worden ... Und tatsächlich konnte ich auch nicht anders, als so zu handeln und hier trennen sich nun unsere Wege endgültig ...

Die Antwort darauf wird Ihr eigenes Leben sein und die Zukunft Ihres Vaterlandes, von welchem ich mich feierlich lossage, nicht weil ich Kosmopolit bin oder gar Kommunist, sondern weil ich ein Mensch und ein Christ bin, der das schauerliche Erlebnis des letzten Krieges hinter sich hat und weil ich, obwohl ein kämpfender Mensch, mir den Frieden erkämpft habe und glaube, dass meine Werke, die diesen Frieden mit den feierlichsten Mitteln aussprechen, der Menschheit gehören, auch dann noch, wenn die sonderba-

Bezeichnet „Heiliger Sebastian",
Holzschnitt auf Japanpapier, Handabzug, 35,0 cm x 45,0 cm, 1914

ren Heiligen dieser Tage längst vergessen und gestorben sind".

Im Nachlass H. findet sich die auszugsweise Abschrift eines Briefes von Herrn Dr. L. Lichtenhan aus Basel vom 2. Dez. 1947 an Frau Maria Geroe:...*"Zunächst über meinen Besuch bei Hemmerich. Es war schön und ich glaube, wir haben uns gut verstanden. Dass der Mann sehr viel Stil hat, ist ohne weiteres klar und man liebt auch sogleich seine kompromisslose Art, die so schön mit seinem lebhaften Antlitz übereinstimmt. Meinen Eindruck von seiner Kunst versuche ich Ihnen offen zu schildern: Man erschrickt zunächst nicht wenig über die Verbohrtheit dieser Ausdrucksweise, wird aber bei näherer Betrachtung inne, wie viel an Überlegung und großartiger Subtilität darin steckt, ohne zu verbergen, dass hier ein typisch deutsches Künstlerschicksal mit seiner ganzen Unnachgiebigkeit nach außen sich vollzieht. Die Graphik macht einen viel unmittelbareren Effckt als die Bilder. Im großen Publikum ist die zum Begreifen neuartiger Ausdrucksformen erforderliche Geduld des Urteils nicht vorhanden und dies macht die Perspektive eines praktischen Vorgehens (Ausstellung) sehr schwierig. Ich habe H. gesagt, dass ich wiederkommen würde; ob mir in der Zwischenzeit etwas vernünftiges einfällt, das steht noch in den Sternen"...*

24

„Auferstehung"
Links oben im Bild der Maler
120 cm x 170 cm
Um 1930?

1948 machte er den Versuch einige seiner großformatigen Bilder mit religiöser Thematik in Freiburg auszustellen, was schon rein transporttechnisch unter den damaligen Bedingungen ein extrem schwieriges Unterfangen war. Seine nur schwer zugänglichen religiösen Bilder, weder einem klaren Expressionismus, Surrerealismus noch phantastischem Realismus verhaftet, wurden abgelehnt. Er schreibt in einem Brief an Freiherr von Gebsattel:

„Die Feindseligkeit, mit der meine religiösen Bilder dort (und später auch in München) aufgenommen worden sind, war zwar ärgerlich, aber nicht entmutigend. Dass ich etwas Neues gewollt habe, haben auch meine Gegner anerkannt; ihr Vorwurf richtet sich also offenbar gegen die Mittel, die nicht die der Zeit sind, die nur das zweidimensionale Bild anerkennt. Wo aber eine Handlung dargestellt ist, wie in meinen Bildern, da muss auch der Raum sein, worin sie geschieht. Es soll nämlich, heute nichts geschehen! Furcht vor dem Handeln und der unvermeidlichen Verantwortung hat doch den Dämon, den Diktator, erzeugt, das Wesen also, das uns das Handeln abnehmen soll".

In dem in den 50-er Jahren anbrechenden Siegeszug der gegenstandslosen bzw. abstrakten Malerei hatten seine gegenständlichen Arbeiten keine Chance mehr. Er hat dies selbst sehr deutlich in seinen Briefen erkannt und belegt.

Durch unglückliche Umstände hatte Hemmerich während des zweiten Weltkrieges den größten Teil seines Vermögens verloren. Da er mit seiner künstlerischen Arbeit die Familie nicht mehr ernähren konnte zwangen ihn die Umstände in einen anderen Beruf. Sein „Sprachgenie" und seine exzellenten Kenntnisse der Kunstgeschichte ermöglichten ihm eine sehr erfolgreiche Tätigkeit als Übersetzer von Kunstbänden bei dem weltbekannten Schweizer „Skira-Verlag". Er übersetzte aus dem Französischen, Englischen und Italienischen. So kommt es, dass wenn man seinen Namen bei „Google" eingibt, über 50 Einträge erscheinen. Marc Chagall hat ihm ein Exemplar des übersetzten Bandes aus der Reihe „Le goût de notre temps", Autor Lionello Venturi mit einer Tuschzeichnung und Namenszug signiert (siehe Abbildung S. 28). Es gibt wenig Schriftliches aus seiner Feder über die Übersetzertätigkeit. 1953 schreibt er zu einem Picasso-Band:

„Der von mir übersetzte Picasso (Verlag Skira) wird wohl noch vor Weihnachten in Deutschland ausliegen und es würde mich freuen, wenn Sie ihn sich ansehen wollten. Der zu übersetzende Text war von der größten Schwierigkeit schon allein durch das Thema der abstrakten Kunst. Meine Übersetzung ist äußerst getreu und unterschlägt deshalb auch die Schwächen des Originals nicht, obgleich es einfacher gewesen wäre, zu interpretieren, statt zu übersetzen. Ist nämlich das Original, wie manchmal, nicht deutlich oder gar nicht deutbar, so können Sie sich vorstellen, in welcher Lage ein Übersetzer ist, der sich auf eine ungefähre Deutung nicht einlassen will. Ich habe indessen einige Stellen mit dem Autor selbst diskutieren dür-

fen, der mit mir, obschon des Deutschen nicht mächtig, zufrieden war."

Bei www.artprice.com finden sich nur 3 Hinweise auf Kunstwerke von Hemmerich, die bis heute auf dem internationalen Kunstmarkt angeboten wurden. U. a. ein Auktionsergebnis bei „Swann Galleries" in New York, wo eine Mappe der Kreisleriana 1996 für 275 USD versteigert wurde. Zwei angebotene Ölbilder fanden keine Interessenten. Etwas anders sieht es bei seinen Schriften aus. Im Verzeichnis von www.zvab.de finden sich einige Titel seiner Bücher, so z.B. seine „Gedichte", gedruckt bei Jakob Hegner in Hellerau und „Wirklichkeit und Überlieferung" erschienen im Bernhard Krohn Verlag. So kann man sagen, dass er wirklich zur Generation „der vergessenen Künstler" gehört.

Im August 1969 schreibt er als 77-jähriger mit klarer und fester, noch nicht vom Alter geprägter Handschrift an einen alten Bekannten (auszugsweise):

„Zu lange schon ist unsere Korrespondenz unterbrochen und ich mache mir Sorgen, wie es Ihnen gehe. Ich denke oft an Sie, denn Sie sind der einzige aus der ,guten alten Zeit' mit dem ich mich noch verbunden fühle. Werden wir uns je wieder sehen? Ich habe mein Domizil in Italien aufgegeben und lebe in der Nähe meiner verheirateten Tochter in Gland, 30 km von Genf, werde aber im nächsten Monat für längere Zeit (bis Ende Oktober) wieder in Italien sein. Ich stehe nun, obgleich in guter Verfassung, im 78. Jahre und suche – nicht nur deshalb – vergeblich mich zu orientieren ange-

„Le goût de notre temps" von Lionello Venturi, Skira Verlag Genf, 1956

Widmung von Marc Chagall in einem von K. G. Hemmerich übersetzten Kunstband. Tuschzeichnung, 1956

sichts einer künstlerischen und gesellschaftlichen Evolution, die alles in Frage stellt, was uns noch als unverrückbar erschien und habe keine Gelegenheit, mit einem Menschen meiner Generation darüber zu sprechen. Die alten Freunde sind verschollen, nur mit ‚S‘ habe ich noch einen losen, konventionellen Kontakt; er war bis vor Kurzem Professor am Münchener Konservatorium und beschäftigt sich mit Musiksoziologie ... Ich habe im Januar 68 meine Frau, die tapfere Kampfgefährtin in schwierigen Jahren, verloren. Die nicht bewältigte Vergangenheit wirft ihre langen Schatten über ein ‚nomans land‘ und die Jahre 1933 – 45 haben alles verschlungen. Wo stehen wir?“ ...

Hemmerich arbeitete bis 1968, also bis zum 78. Lebensjahr, für den Skira-Verlag. Nach dem Tod seiner Frau 1967 lebte er noch 12 Jahre im familiären Bezug zu seiner Tochter. Am 14. November 1979 starb er in Gland im Alter von 87 Jahren. Seine Totenmaske zeigt das Antlitz eines nach „innen gekehrten“ Weisen. Seine Grabstätte ist auf dem kleinen Friedhof in Vich bei Gland (siehe Abb). Sein Grabkreuz ohne Namen ließ er noch zu Lebzeiten nach einem eigenen Entwurf anfertigen. Es zeigt in der Mitte ein Alpha und ein Omega und gibt so der Nachwelt einen letzten Hinweis auf seine im christlichen Glauben verwurzelte Persönlichkeit.

Das Zentrum des von Hemmerich entworfenen Grabkreuzes zeigt in der Mitte ein Alpha und Omega

Totenmaske, Bronze

Die Grabstelle im Winter 2005

Studie, Tuschzeichnung, 18 cm x 24 cm, wohl Paris 1913

Kreuzesabnahme, Radierung, 22 cm x 18 cm;
signiert und bezeichnet: „Platte zerstört"; Paris 1913

Der Maler

Die frühesten erhaltenen Arbeiten stammen aus der Zeit vor dem ersten Weltkrieg. Sie sind vermutlich „zufällig" erhalten geblieben. Wie viele Maler, hat auch Hemmerich seine frühen Arbeiten vernichtet. In einem Brief vom 11. Januar 1963 schreibt er: „*Ihre Mahnung, meine Jugendwerke nicht zu vergessen, hat mich tief betroffen, denn hier habe ich schwer gesündigt durch die Zerstörung oder Übermalung großer religiöser Bilder der expressionistischen Zeit, die 1923 mit einer scheinbar ausweglosen Krise abschloss*". (s. Abb. rechts)

In einem anderen Brief an Freiherr von Gebsattel heißt es: „*Sind doch unsere Jugendwerke weit charakteristischer, als wir später wahr haben wollen: sie holen uns eines Tages ein und wir werden gewahr, dass unsere Begriffe von Vergangenheit und besonders von Entwicklung falsch sind. Es ist der natürliche Selbstbetrug der kausalen Welt; wir glauben zu wissen wo wir waren, wo wir aber (jetzt) sind, das wissen wir nicht. Immer wird die Szene vor den alten nicht veralteten Kulissen gespielt.*"

Mehrere Umzüge dürften zu den Verlusten das Ihre beigetragen haben. Seine Frau hatte bereits in der Zeit um 1920 damit begonnen, seine Arbeiten zu fotografieren, oder beauftragte Fotografen. Diese Fotos dokumentieren die häufigen Zustandsveränderungen seiner großen Themenkreise, wie z.B. Pieta, Fußwaschung und Salbung, Auferstehung, Jesus am Ölberg, Gang nach Emmaus usw., und im Nachlass nicht mehr vorhandene Arbeiten. Zahlreiche fotografische Platten und Negative im Format 9 x 12 bzw. 6 x 6 sind erhalten und bedürften noch einer chronologischen und stilistischen Auswertung.

Abbildung einer Fotografie, von Hemmerich beschriftet: „Verkündigung an die Hirten", zerstört, letzter Zustand von 1923
150 cm x 200 cm

Besser ist die Situation bei Hemmerichs graphischem Werk. In Mappen abgelegte Zeichnungen, Skizzen, Zustandsdrucke und Holzschnitte überdauerten, in Schubladen abgelegt, leichter die Zeit, vielleicht manchmal auch ungewollt. Vieles fand sich in einer großen Grafikkommode im Hause der Tochter des Malers. Sie begann nach dem Tode des Vaters damit, den künstlerischen Nachlass zu sichten und lagerte ihn in einem Raum mit ge-

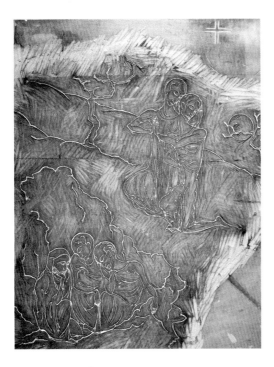

Druckstock zur Ölbergreihe, 35 cm x 45,5 cm, um 1930

regelter Luftfeuchtigkeit. Die großformatigen Skizzen in Rötel und Bleistift auf Pergamentpapier (gerollt gelagert), ließ sie 1985 restaurieren und säurefest unter Plexiglas rahmen. Die Gemälde wurden ebenfalls gereinigt, soweit notwendig restauriert, gefirnisst und gerahmt.

Hemmerich beherrschte alle gängigen Techniken der Malerei: Öl-, Aquarell- und Tuschmalerei, weiß gehöhte Bleistift-, Kohle- und Rötelzeichnungen, Radierungen (Strichätzung, Kaltnadel, Vernis Mou und Aquatinta) sowie Holzschnitte. Zahlreiche Druckstöcke aus Hartholz sind erhalten.

Dabei scheint Hemmerich den Handabzug bevorzugt zu haben weil durch die Art des Einfärbens der Druckstökke und durch das Abreiben das Druckergebnis vom Künstler selbst zu variieren ist. Die Abzüge zeigen daher keinen Quetsch- oder Plattenrand.

Hemmerich hat sich wohl einige Jahre seines Lebens besonders mit japanisch- chinesischer Kunst beschäftigt und seine Kenntnisse im Holzschnitt angewendet. Über die chinesische Kunst schreibt er (auszugsweise): *„Der Chinese bewertet das Leben nicht: er erlebt es. Diese Einsicht ist entscheidend für den Europäer, der sich China nähern will; ob er ihm je näher kommt, ist eine andere Frage; denn es gibt, wie mir scheint, für uns keinen Weg China zu verstehen. Man müsste auf der Brücke stehen wie die beiden Freunde und sich über die 'Freude der Fische' unterhalten; dieses außerordentliche Stück hat mir eine Ahnung von China gegeben, weil hier der Gegensatz zwischen europäischem und asiatischem Denken entscheidend zum Ausdruck kommt. Zugleich fühlt man den unermesslichen Abstand, der nicht im Geistigen liegt, sondern im Sinnlichen. Man denke nur an das tö-*

richte Gerede von der 'abstrakten' Kunst, die die Wirklichkeit 'vergeistigen' möchte statt das Geistige zu versinnlichen; denn was nicht versinnlicht werden kann, ist auch nicht geistig. Ein gewagter Satz, den ich aber wage, weil ich auf der chinesischen Brücke gestanden habe."

Die Grafik

Seine graphischen Hauptwerke sind die Radierzyklen „Die Grosse Passion", sowie nach E.T.A. Hoffmanns (1776 – 1822) Werken: „Kreisleriana", „Prinzessin Brambilla" und seine „Fantasiestücke in Callots Manier". Vom Werk E.T.A. Hoffmanns fühlte sich der junge Hemmerich offensichtlich besonders angezogen. Lag es daran, dass auch dieser ein „Mehrfachbegabter" war – Schriftsteller, Kapellmeister, Komponist und Zeichner? Hoffmanns Talente sind in ihren vielfältigen Ausdrücken, ähnlich wie bei Hemmerich, nie trennscharf voneinander gewesen, Musik und Schriftstellerei, beide oft verbunden und das Schreiben bzw. das Zeichnen gingen häufig ineinander über. Zahlreiche seiner Erzählungen hat Hoffmann selbst illustriert. Bei der Lektüre von „Prinzessin Brambilla" mögen Hemmerich die fantastisch karikierten Kupfer-Stiche Callots zu „Comedia dell´arte—Szenen" des römischen Karnevals inspiriert haben.

Die Ölbilder

Über seine großformatigen Ölgemälde christlicher Thematik schreibt Hemmerich nach dem Kriege an den katholischen Geistlichen Dr. Tetzlaff Folgendes (auszugsweise aus Briefen vom 1.2. und 18.3. 1949): „Der Ausgangspunkt für Ihre Darstellung sollte die Tatsache sein, dass in meinem Werke der Mensch wieder einmal der Gegenstand des Bildes wird, was er lange nicht mehr war. War doch der Mensch für die neuere Kunst niemals mehr als ein Gegenstand unter anderen Gegenständen, ein Vorwand für eine experimentierende Kunst. Mit anderen Worten: die neuere Kunst hat überhaupt keinen anderen Gegenstand mehr, als das Objekt; die transzendentale Natur des Menschen wird geleugnet und so entstehen nicht nur die historischen Katastrophen, sondern auch die Bilder mit den zerfetzten Menschenleibern …

Hier muss nun ein weiterer wichtiger Punkt zur Sprache kommen: dass nämlich seit vielen Menschenaltern in der Kunst und besonders in der religiösen immer nur die Ausdrucksmittel, nicht aber die Gehalte entwickelt worden sind. Es ist meine Aufgabe, nach langer Zeit einmal wieder den Gehalt zum Gegenstande der Darstellung zu machen, d.h. die alten, unzähligen Male wiederholten Stoffe sind 'Neu erlebt'. Das also 'das Neue' welches hier auftritt, sich nicht revolutionärer, sondern konservativer Mittel bedient und bedienen muss, ist für jeden klar, der den Vorgang überhaupt verstehen kann. 'Das Neue' braucht keine 'neuen Darstellungsmittel', weil der Gehalt neu ist. Nur da, wo dieser nicht vorhanden ist, müssen pseudorevolutionäre Mittel über das Fehlen des Stoffes (oder Gehaltes) hinweg täuschen. Der Gegenstand meiner Bilder ist also, ganz allgemein gesprochen, der ‚handelnde Mensch'. Ganz äußerlich gesehen ist in meinen Bildern das Zusammensein mehrerer Menschen unter dem Einfluss einer höheren Macht dargestellt. Es entsteht somit, durch das Zusammenwirken 'aller' Mittel des Bildes die Darstellung einer in sich geschlossenen Handlung...

Die Landschaft, z.B., welche den Hintergrund des Bildes darstellt, ist hier nicht, wie auf alten Bildern, eben nur unbeteiligter Hintergrund, sondern ein mithandelndes Element, wenn nicht der Grund der Handlung überhaupt. Ehe also das (darzustellende) Wunderbare in Erscheinung treten kann, muss der ,geistige Raum' worin allein es geschehen kann, dargestellt werden. Dieses wird etwa auf den ,noli me tangere' Bildern besonders deutlich, wo die visionäre Landschaft gewissermaßen die handelnden Gestalten bedingt; die von vorne gesehene knieende Magdalena sieht nicht den Auferstandenen: Er ist die Vision ihrer gläubigen Seele und ihr Glaube bewirkt, dass er erscheint.

Diese niemals versuchte Darstellung könnte auch dem Theologen zu denken geben, so gut wie dem Kunsthistoriker, denn hier ist eine Abstraktion erreicht, an welche die ,abstrakte' Kunst nicht einmal denkt, welche glaubt, durch die bloße Verschiebung der geometrischen Achsen eine Art von Abstraktion erreicht zu haben. Abstraktion ist aber etwas ganz anderes: nämlich Konzentration aller Mittel auf ,einen' Punkt, in meinem Falle auf das ,Wunderbare'.

Das meine Malereien auf Gold, worin gewiss die höchste Abstraktion erreicht ist, zuerst immer, wie Sie sagen skeptisch beurteilt werden, wundert mich nicht. Und doch ist gerade hier das Gold kein dekorativer, sondern ein notwendiger Bestandteil des Bildes und es wäre mir sehr erwünscht, wenn Sie Gelegenheit hätten, über diese Seite meiner Kunst zu sprechen ... Alle diese Ihre Zuhörer und Zuschauer ahnen ja nicht, wenn sie mit einem Blicke meine Bilder zu erfassen suchen, dass diese das Ergebnis langer und mühsamer Arbeit sind und dass unermessliche Schwierigkeiten überwunden werden mussten, um ,gegen die Zeit' mich zu behaupten und zu malen ,ad Majorem Dei Gloriam' ...

Als Schöpfer eines religiösen Werkes bin ich weit mehr Diener desselben als selbstherrlicher Künstler, der sich sein eigenes Gesetz macht. Ich folge dem Gesetze, dass außer mir über mir ist, bin also viel weniger ,Person', als es den Anschein hat. Ich habe aber in meiner Einsamkeit, die Krise des heutigen Menschen tiefer erlebt, als andere, ,moderne' Künstler und glaube, sie in meinen Bildern überwunden zu haben, in denen es keine Krise mehr gibt: daher die ,klassische Lösung' Der moderne Künstler stellt die Krise dar, d.h., eine dämonische ja, teuflische Welt, worin die Dinge menschliche Gestalt nachäffen; ich aber die Überwindung der Krise durch die Darstellung des Herrn und ihm ähnlicher Menschen. Um dieses zu erreichen, brauchte es Stille und Geduld, und, da es doch große Bilder sind, auch Zeit. Die lange Arbeit an den einzelnen Bildern ist auch Meditation: nach und nach erscheint die ,letzte' Form, das Symbol."

Kreisleriana

Elf Radierungen zu E. J. A. Hoffmann
von
Karl Georg Hemmerich

F. Bruckmann A. G. München 1920

Format der Mappe: 41 cm x 53 cm

36

Freiherr von Gebsattel verfasste 1920 in München zur „Kreisleriana-Mappe" und zu den „Fantasiestücken" von K.G. Hemmerich den folgenden Text (in Auszügen):

„Unser Künstler nun, den man E.T.A. Hoffmann kongenial nennen muss, greift, angezogen von der ihm wahlverwandten Gestalt Kreislers, auf das zeitlose Kreislererlebnis zurück und gestaltet es in Radierungen zum stärksten Ausdruck. Nicht um Illustrationen zu Hoffmann handelt es sich in diesen Blättern, deren Inhalt sich meist gar nicht an Hoffmann anlehnt, sondern um Schöpfungen, die dadurch entstanden sind, dass das Kreislererlebnis in ihrem Urheber mächtig wurde. Wie bei Hoffman ein ursprüngliches Erlebnis dichterischen Ausdruck fand in der Gestalt Kreislers, so fand ein gleich elementares seinen bildhaften Ausdruck bei unserem Künstler. Es ist eine ganz eigene Welt seelischer Tatsachen und formaler Möglichkeiten, die der Künstler mit der Überzeugungskraft des wahrhaft ausdrucksfähigen Sehers vor uns hinstellt. Inneres, Unsichtbares wird zu zeigen unternommen: Erlebnisse, Zustände gelangen zu bildhafter Darstellung, die, bevor sie umrissen und festgehalten wurden, jedenfalls nicht anschaubar waren. Damit werden Wege betreten, auf denen heute der Expressionismus nach Neuland fahndet, die aber seit Goya kaum mehr zu nützlichem Erfolg geführt haben. In der Tat scheint eine gewisse Verwandtschaft den Künstler mit Goya zu verbinden. Auch er besitzt das Exakte der Vision Goyas. Träume möchte man diese Blätter nennen, Phantasiestücke, Gesichte, die aber nichts mit dem willkürlichen Spiel reiner Einbildung zu tun haben, sondern die als Ergebnisse eines gesteigerten Wachbewusstseins Tiefen der Wirklichkeit, des Lebens, der Erfahrung erhellen, welche der geübtesten Beobachtungsgabe unweigerlich verschlossen bleiben müssen. Eine strenge Gesetzmäßigkeit beherrscht darum die kühnsten Erfindungen des Künstlers; allein sie ist verborgen wie die der Musik, an deren Entstehung aus Tongesichten überhaupt die Herkunft dieser Bilder erinnert. Kein Zufall ist es, dass der Künstler den Namen Kreislers anruft, um das Unaussprechliche zu gestalten. Überall findet man das unterirdische Walten der Musik in Gebilden, die doch im bildhaften allein Dasein und Grund haben. Was der Ausdruck eines Gesichts, das Hören eines Tons, was Schwermut, Wildheit, Entsetzen, der Kampf mit dem Grauen, gleichsam für den ersten Menschen sein möchte, das geht dem Künstler auf, indem er mit nach innen gewandten, seherischen Blick die Entstehung aller Arten von Ausdruck, das Aufsteigen ihrer Impulse aus dem Unsichtbaren ins Sichtbare belauscht. Und im Augenblick des Übergangs, ihrer Gestaltwerdung im Sichtbaren, fasst der Künstler sie mit raschem, kühnen Griff, misst er die seelische Wirklichkeit, der sie entstammen, mit ans Licht und zeigt das Verborgene am Offenbaren mit der leidenschaftlichen Eindringlichkeit des wirklichen Sehers…

Auf einem Blatt z.B. lauscht Kreisler dem Klang eines fernen Bassetthorns. Das ist die scharfe Wendung des Halses, der gespannte Blick, das Lauschen und Hindrängen zum fernen Ton.

So verlassen wir, hörend, den Ort unseres Verweilens und dringen mit allen Sinnen hinaus, hin nach der fernen Quelle des Tons. Was aber soll die zweite Gestalt am Tisch, Kreisler gegenüber? Nach innen gewendet und gleichsam eingestürzt, wie abgestorben der Außenwelt und mit Grauen in sich verwesend, erscheint das Gesicht. Auch hier, so begreifen wir plötzlich, ist wieder das Hören des fernen Bassetthorns gestaltet; es gilt aber nicht der Ferne, sondern ist nach innen gerichtet, als käme der Ton aus der eigenen Brust. Und vernehmen wir denn eigentlich nicht alles, was wir draußen zu hören glauben, erst in uns? Ist nicht jeder Ton ein Ruf des unirdischen Tongeistes, wie er zugleich irdischer Tonleib ist? Und welch seltsamer Einfall, dieses Doppelleben des Tons an zwei Gestalten zu verteilen, von denen die eine scharf bewegt und grell umrissen, in die Außenwelt hineinhört, während die andere, wankenden Umrisses gleichsam heraus gebrochen aus der Welt der Wahrnehmung, schaudernd in sich hineinlauscht und fast, so möchte man glauben, selber zum Ton wird, damit aber zum Opfer des Tongeists. Ist es nicht Kreisler, der solchermaßen in zwei Gestalten, im Damon und neben ihm, als sein eigener Doppelgänger uns entgegen tritt? Wogt hier nicht schon, in dieser einfachsten Arabeske Ausdruck geworden, der unterirdische Kampf, in welchem Künstler und Dämon um sein oder Nichtsein ringen? ...

Die Gestalt Kreislers taucht schon in den ersten Radierungen Hemmerichs auf. Diese Erstlinge, mit denen der kaum zwanzigjährige sich seiner eigentlichen Kräfte bewusst zu werden begann, zeigen bereits die überraschende Ausdruckssicherheit des geborenen Meisters. In diesen ‚Fantasiestücken' erscheint Kreisler als der magische Ekstatiker des Musikalischen völlig naiv, unkundig noch des gewaltigen Widerstreits zwischen dem persönlichen Leben und dem Genius schildert der jugendliche Künstler in seiner Pariser Zeit nur die glückhaften Augenblicke, in denen Genius und Mensch sich finden und verschmelzen. Kreisler, inmitten der Welt der sichtbaren Dinge, bleibt mühelos, unangefochten durch sich selber, der entzückte Verkünder der verborgenen Tonwelt, der Mittler zwischen ihr und der offenbaren Lichtwelt des Tages. Klavier und Dirigentenstock sind die zauberkräftigen Abzeichen seines Mittlertums. Rührt er sie an, so vereinigen sich die gesonderten Welten im Wunder der Tonkunst. Hemmerich zeigt es in zwei Fassungen: einmal als Einbruch des Tonreiches in die irdische Welt, sodann ihren Aufstieg und Kreislers Himmelfahrt in das Reich der Musik. Die Art nun, wie so gewagte Möglichkeiten gestaltet werden, ist ebenso einfach als selbstverständlich. Kreisler am Klavier, und um beide, ungewiss ob ausgehend vom Licht der Kerze oder vom Feuer des Spiels, kreisende Linien die einen Raum erzeugen, der wie ein geisterhafter Leib aus Tönen den tastbaren Raum der Dinge verdrängt und sich schützend um den verzückten Spieler schließt. So sieht man Kreisler am Klavier, jene Welt ins Dasein rufen, die doch in ihrem innersten Kern, als geheimste Frucht ihres Waltens, den eigenen Erwecker zu tragen und zu formen scheint...

38

Wie alle seherisch Begabten trägt Hemmerich eine Welt von Gesichten in seinem Innern. Die Entwicklung solcher Künstler besteht in einem allmählichen Erwachen und ans Licht treten der ihrem Gemüte eingeborenen und in ihm schlafenden Gestaltenwelt…

So entstanden elf Radierungen, die zum merkwürdigsten gehören, was deutsche Graphik hervorgebracht hat …

Die formale und inhaltliche Analyse der merkwürdigen, unerschöpflichen und in der Graphik der letzten Zeiten einzig dastehenden Blätter bleibe dem eindringenden Betrachter überlassen, der sich ein Bild, wenn auch nur ein ungefähres, von der Kühnheit und dem Tiefsinn des vorliegenden Werkes wird machen können…

Mit diesem Hinweis auf einen kleinen Ausschnitt aus Hemmerichs Werk müssen wir uns heute begnügen. Es wird sich bald eine neue Gelegenheit ergeben, auf andere Seiten seines Schaffens zurückzukommen, in welchem eine starke formende Kraft nach eigenem Gesetz wirksam ist, und das Hemmerich eine Hoffnung der deutschen Malerei ist."

Inhalt der Mappe

Blatt I   Meister Abraham

Blatt II-VIII: Kreislers musikalisch-poetischer Klub:

„ II   Wie Kreisler den musikalisch-poetischen Klub gründete. – „Und ich will doch phantasieren!" rief Kreisler.

„ III   As moll-Akkord (mezzoforte). – Ach! – sie tragen mich ins Land der ewigen Sehnsucht!

„ IV   C dur-Akkord (fortissimo). – Wie Kreisler seinen Doppelgänger tanzen lehrte.

„ V   Es dur (forte). – Kreisler lauscht einem fernen Bassetthorn.

„ VI   C moll-Akkorde (fortissimo hintereinanderfort). – Entsetzt sprang Kreisler auf.

„ VII   Desgleichen. – Kreisler besuchte ein seltsamer Traum.

„ VIII   Desgleichen. – Verzweifelt wehrte sich Kreisler gegen den Wahnsinnigen.

„ IX   Ein ordentliches Duett wollte nicht gelingen.

„ X   Wie Kreisler den Prinzen Hektor von Neapolis ansprang.

„ XI   Julia.

Von diesem Mappenwerk wurden im ganzen 75 numerierte Exemplare hergestellt.
Nummer 1–25 mit Remarken von den unverstählten Platten auf kaiserl. Bandjapan,
Nummer 26–75 auf holländisch Bütten
Dieses Exemplar ist Nummer
75

Die Mappe wurde vom Künstler selbst in 75 Exemplaren gedruckt.

Meister Abraham, 15,5 cm x 19,5 cm

Wie Kreisler den musikalisch-poetischen Klub gründete –
„Und ich will doch phantasieren!" rief Kreisler, 15 cm x 18 cm

As moll-Akkord (mezzoforte). – „Ach! – sie tragen mich ins Land der ewigen Sehnsucht!"
13 cm x 18 cm

42

C dur-Akkord (fortissimo). Wie Kreisler seinen Doppelgänger tanzen lehrte.
17 cm x 22,5 cm

Es dur (forte). Kreisler lauscht einem fernen Bassetthorn.
13,5 cm x 17,5 cm

C moll-Akkorde (fortissimo hintereinanderfort). Entsetzt sprang Kreisler auf.
16,3 cm x 18,7 cm

45

Desgleichen. Kreisler besuchte ein seltsamer Traum.
15,5 cm x 19,5 cm

Desgleichen. Verzweifelt wehrte sich Kreisler gegen den Wahnsinnigen.
16,5 cm x 21,5 cm

Ein ordentliches Duett wollte nicht gelingen.
15,5 cm x 19,5 cm

Wie Kreisler den Prinzen Hektor von Neapolis ansprang.
15,2 cm x 19 cm

49

Nr 73/75   Hemmerich

Julia.
14,6 cm x 18,5 cm

Studie zum nicht vollendeten Zyklus „Prinzessin Brambilla" nach E.T.A. Hoffmann,
Federzeichnung, Format 16 cm x 25 cm,
signiert und datiert 1912

Studie zum nicht vollendeten Zyklus „Prinzessin Brambilla" nach E.T.A. Hoffmann,
Bleistift und Feder, Format 16 cm x 19,7cm,
signiert und datiert 1919

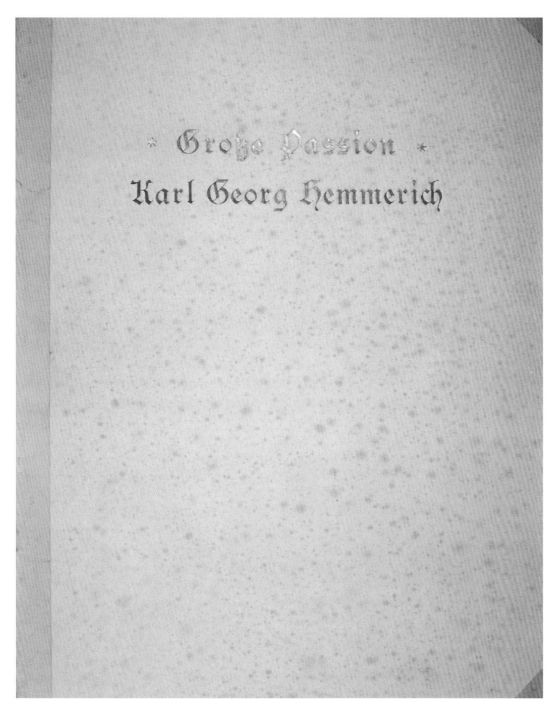

Radierzyklus „Große Passion", Mappenformat 38,5 cm x 50 cm. 9 Blatt in Mappe, Auflagenhöhe unbekannt, wohl max. 75, vom Künstler selbst gedruckt, Druck Nr. 1, 1920

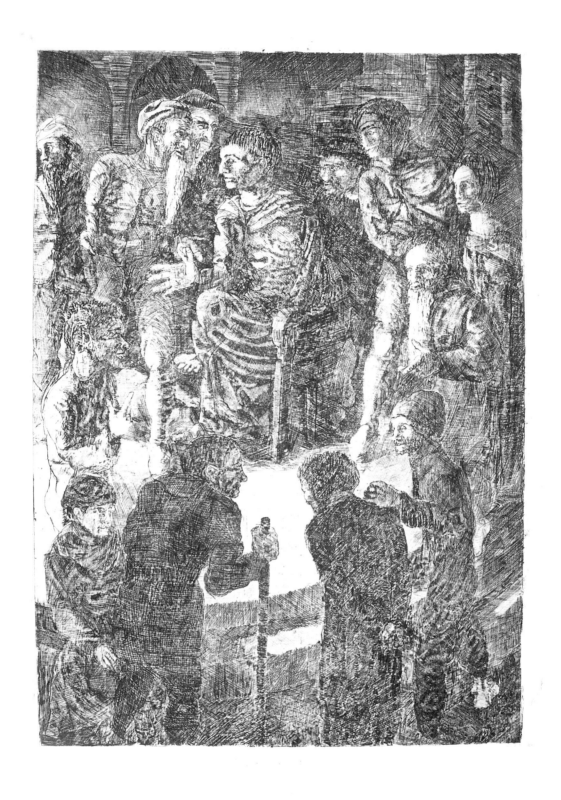

Christus vor Pilatus, 20 cm x 28 cm

Magdalena, 21 cm x 27 cm

Verspottung, 23 cm x 30,5 cm

Geisselung, 21 cm x 24,5 cm

Ecce homo, 20 cm x 27,5 cm

58

Dornenkrönung – I. Fassung, 25 cm x 27,5 cm

Dornenkrönung – II. Fassung, 23 cm x 25,5 cm

Judaskuss, 24,5 cm x 26,5 cm

Petrus verleugnet Christus, 23 cm x 30 cm

Der Schriftsteller

1930 erschien:

Gedichte, 53 S., gedruckt in 500 nummerierten Exemplaren bei Jakob Hegner, Hellerau.

Wirklichkeit und Überlieferung, 96 S. Vier Aufsätze. Bernhard Krohn Verlag Berlin. Gedruckt in 300 nummerierten Exemplaren.

Inhalt:

Wirklichkeit und Überlieferung – an Karl Wolfskehl.

Musik und Körpergefühl – Gedanken vor einer Orgel.

Der Dichter und die Wirklichkeit – Versuch über Adalbert Stifter.

Unzeitgemäßer Brief, die neueste Literatur betreffend.

1936 erschien:

Das ist der Mensch, 84 S., ebenfalls im Bernhard Krohn Verlag. Auflagenhöhe unbekannt.

Inhalt:

I. Wirklichkeit und Überlieferung.

II. Die neue Wirklichkeit

  1. Lebensgefühl verschiedener Epochen

  2. Das Gewissen

  3. Zeitenwende

  4. Weltbild und Wirklichkeit

  5. Allgemeine und besondere Ursachen der Krise und ihrer Verkünder

  6. „Ehrfurcht vor dem Menschen", „nicht „Ehrfurcht vor dem Leben"

  7. Was ist der Mensch

  8. Die Grundlagen einer neuen Gesellschaft

  9. Ausblick.

Die gesamte Auflage wurde im Dritten Reich von der Gestapo beschlagnahmt und vernichtet (siehe auch Abschnitt „Biographisches").

Wohl im Selbstverlag erschien undatiert:

Die Elegie von der törichten Jungfrau. Gedruckt auf Bütten, unpaginiert, im roten, Ganzledereinband.

Saul – eine Tragödie

Das Theater-Manuskript umfasst 69 Schreibmaschinenseiten und ist unver-

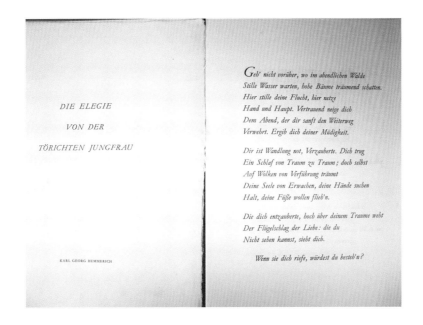

DIE ELEGIE

VON DER

TÖRICHTEN JUNGFRAU

KARL GEORG HEMMERICH

Geb' nicht vorüber, wo im abendlichen Walde
Stille Wasser warten, hohe Bäume träumend schatten.
Hier stille deine Flucht, hier netze
Hand und Haupt. Vertrauend neige dich
Dem Abend, der dir sanft den Weiterweg
Verwehrt. Ergib dich deiner Müdigkeit.

Dir ist Wandlung not, Verzauberte. Dich trug
Ein Schlaf von Traum zu Traum; doch selbst
Auf Wolken von Verführung träumt
Deine Seele von Erwachen, deine Hände suchen
Halt, deine Füße wollen flieh'n.

Die dich entzauberte, hoch über deinem Traume weht
Der Flügelschlag der Liebe: die du
Nicht sehen kannst, sieht dich.

Wenn sie dich riefe, würdest du besteh'n?

Fisch stürzte sich der Erzürnte auf diesen neuen Brocken. Das Unwetter richtete sich auf den Uebeltäter. Die Mutter stand außerhalb. Win wurde ganz schwach vor himmlischer Freude. Was bedeutete das? Eine Lappalie, weiter nichts. Dies aber war erwachsenes Leben, er spürte es mit einem neuen Schauer. Zum erstenmal hatte er sich selber würdig gezeigt. Der Vater geiferte vor Unwillen über seinen mißratenen Sohn. Er stand vor ihm mit geschlossenen Augen. Eine harte Hand zerrte an seinem Haar. Win empfand den Schmerz wie die Feuertaufe des Himmels. Seine Mutter weinte nicht mehr. Er hatte sie gerettet.

An diesem Abend geschah etwas, das einem kleinen, unblutigen Mord gleichkam. Als die Mutter an die Betten der Knaben trat, um ihnen gute Nacht zu wünschen und als Win sich vor glücklicher Scham beinahe versteckte, sagte sie zu ihm:

„Eine Strafnote ist eine Schmach. Du hast deine Eltern sehr betrübt damit. Hoffentlich bleibt es die letzte."

Eine Türe fiel ins Schloß. Es war dunkel, Win lag unter der Decke, preßte sein Gesicht in die zusammengeballten Kissen und weinte herzzerbrechend.

Dorett HANHART

Lied

Höre still andächtig zu,
Wie auf jeder zarten Saite
Sich ein Ton hebt in die Breite
Selger Ruh.

Schließe beide Augen zu,
Laß uns durch die Lüfte schweben,
Dort ist reines, weißes Leben,
Liebste du . . .

Paul Joachim Radicke

WIRKLICHKEIT UND UEBERLIEFERUNG

„Wirklichkeit und Ueberlieferung" heißt der erste der vier Aufsätze von Karl Georg Hemmerich, die andern: „Musik und Körpergefühl" (Gedanken vor einer Orgel), „Der Dichter und die Wirklichkeit" (Ueber Adalbert Stifter), „Unzeitgemäßer Brief, die neueste Literatur betreffend". — Dem Gegensatzpaar Erfahrung und Denken entsprechen in gewissem Sinn Geschichte und Ueberlieferung; das Denken hat das Recht, Ueberlieferung für Fälschung zu halten. Geschichtliches Handeln ist selten sittlich (absolut notwendig, einmalig). Falsch ist aber Trennung von geschichtlichem und sittlichem Handeln; sie bilden beide zusammen die Ueberlieferung. Diese geht nun aber auf Verklärung von Ereignissen. Die Menschheit als Gegenstand der Geschichte wünscht sich heldisch, monumentalisch zu sehen; dazu muß der „Held" gefunden oder erfunden werden. Der sittliche Mensch lehnt Macht und Machtanwendung ab, ist nicht heldisch, nicht im „geschichtlichen Raum". — Die Ueberlieferung bemächtigt sich auch solcher Menschen, weil sie gelebt haben, aber sie erfindet Geschichten um sie herum, die alle auf Anwendung der Macht hinzielen (die im Sinn dieser Abhandlung nicht mehr sittlich ist). — Ein Beispiel: Die Evangelien sind völlig Geschichte in diesem Sinn, ihr Mittelpunkt ist ein Wundertäter. Der sittliche Kern des Handelns Christi erscheint verfälscht. Wir können fühlen, daß seine völlige Lebensverneinung unerträglich gewesen wäre; sein „Todeswille" — als ungeheuerlicher Widerspruch zum beherrschenden „Lebenswillen" — mußte durch eine Geschichte, eine Folge von Ereignissen verklärt werden zu einem „Lebenswillen". Die möglich gewesene eigentliche sittliche Wirkung Christi trat nicht ein: Lebensverneinung ohne Verzweiflung am Sinn des Lebens; dafür: Versetzung der leidenschaftlichen Lebensbejahung der Antike in eine andere Gefühlswelt. — Aus dem antiken „Schicksal" wurde die christliche „Vorsehung", die gegenüber der überall hervorbrechenden Verzweiflung als wunderbar neu, ja erlösend erscheinen mußte. — Entgegen der Auffassung: „Stoff" des Dichters sei die Ueberlieferung vom (falsch) handelnden Menschen, der sittliche, nicht handelnde Mensch könne nie Stoff (obschon Sehnsucht) der Dichtung sein, (Paul Ernst, Karl Wolfskehl) lehnt Hemmerich als „Helden" als Mittelpunkt jeder Menschheitsgeschichte ab. — Den Helden müsse der Dichter ja überschätzen und so entstellen. — Sein Erlebnis der „Ablehnung des Helden" nennt der Verfasser „unerklärlich". Doch habe die „Allheit" östlicher, besonders chinesischer Kunst ihm manches über den kampflosen Sieg eröffnet. — Wird das Dasein als solches anerkannt, dann gibt es keine Verzweiflung, es entsteht die Idee des Handelns, welches keine Folgen hat, das ist das sittliche, absolut notwendige Handeln. Ob Welt und Geschichte das Andenken so handelnder Menschen bewahren, ist gleichgültig, sie können sie nur mißverstehen wie den Helden. — Die Bedeutung des Aufsatzes ist nicht zu unterschätzen. Bedenke man wie die „Ablehnung des Helden" als Betrachtungsweise Burckhardts „großes Individuum", Nietzsches Uebermenschen und den georgeanischen Heros in den Schatten rücken würde. — Die Orgel erscheint dem Verfasser als das einzige Instrument, „welches eine eindeutige Stellung sich bewahrt hat". Für den kultisch Gebundenen ging die Musik aus von einem Körpergefühl, bei spätern Menschen nur von einer Erfahrung. Die fast verlorene Stellung der Musik wird im zweiten Aufsatz erörtert. — Stifter ist für den Verfasser ein Romantiker, bei dem Mensch und Kunstwerk nicht als Ganzes erscheinen. Er malt mit der Sprache, erzählt mit der Farbe. Seine Gestalten agieren ins Leere. Als Erlebnis hat Stifter nur den einen Typus, den des Sonderlings. Wie dessen verschiedene Verkleidungen muten Stifters Menschen an, unwahrscheinlich, theatralisch. Er hat das Handwerk des Schreibers, nicht das dichterische Gefühl für die Gerechtigkeit des Weltlaufs. — Der vierte Aufsatz rechnet ab mit den „subtilen Schwätzern der Seelen-Konfektionsbranche", die, durch eine verdorbene Sprache verdorben, ihre Leser verderben, und schreiben, als ob es ernsthafte Leser nicht gebe. — Das Buch ist typographisch vorzüglich ausgestattet. In einem Begleitwort teilt der Verfasser mit: des Verfassers „musikalisches, graphisches und dichterisches Werk ruhe unerschlossen, nur wenigen Eingeweihten bekannt". Demnächst werde im gleichen Verlag, Bernhard Krohn (Berlin), ein kleiner Band ausgewählte Gedichte von K. G. Hemmerich erscheinen.

Siegfried Lang

KLEINE ANZEIGEN

„Malenski auf der Tour" von Otto Roeld

Hier ist die Seele des Geschäftsreisenden eingefangen und — fast möchte man sagen — exhibiert. Seine kleinen und großen Sorgen und Freuden, sein Ehrgeiz, sein sich Aufblähen im Erfolg, das klägliche Zusammenknicken vor dem Mißerfolg, und vor allem dieses unheilvolle Endergebnis, diese Zermürbung des Charakters nach Jahren, zugebracht mit endlosem Warten, in Bahnhöfen, in Vorzimmern, mit schlauen Schlichen, hohler Selbstbetonung und ständigem Kotau vor seiner Majestät, dem Kunden.

Bleibt ihm, sich aufzurichten, die leere Prahlerei vor den Kollegen; nicht er noch sie nehmen sie ernst, und erreichten die erbitterte Galle in ihren berüchtigten Reisendenwitzen.

Das Buch ist sehr unterhaltend geschrieben, dem Milieu gut angepaßt, reich an anekdotischen Funden. Sein Rhythmus vermag aber auch sich mit Passion bis ins Dramatische zu steigern, atemlos liest man von der Tragik des im Beruf stets ferngehaltenen Ehemannes, der in Zweifeln und Eifersucht sich verzehrt, Rachegefühle bis zum Verbrechen in sich nährt, und schließlich, in den liebgewordenen Trab seines Alltags zurücksinkend, in mutloser Resignation sich selbst aufgibt. Erich Reiß-Verlag (Berlin).

Felix Beran.

„Kakteenjagd" von Curt Backeberg

-lsch. Ein Deutscher, der für eine Handelsfirma auf Kakteenjagd geht wie andere auszieht auf Großtierfang, erzählt hier, wie man es macht, um die Stachelhäuter in seinen Besitz zu bringen. Wir reisen mit nach Venezuela, Columbien und die davor gelegene Inselwelt, in der die ursprünglichsten Formen dieser merkwürdigen Pflanzengruppe gefunden werden, und wir fahren mit ihm nach Guatemala und Mexiko, das erst in einer späteren Erdperiode ebenfalls Heimat der

Rezension des Bandes „Wirklichkeit und Überlieferung" von Siegfried Lang in einer süddeutschen Zeitung.

Aus dem Gedichtband

Nachtlied

Kühl bette sich die Nacht in das Gestein
Der fernsten Tage wie in eine Schale.

Manchmal fällt aus des Firmamentes Glut
Eines Gestirnes königlicher Weltengruß
Wie eine weiße Rose in die dunkle Flut.
Manchmal auch braust sie auf und schwillt
Wie Meereszorn und eine unsichtbare Hand
Greift in die alten Wetterharfen, donnernd, wild.

Dazwischen wirft, ein Kundiger hört's von Fern,
Pan einen hellen Flötenton,
Der jubelnd aufblitzt wie ein Stern,

Durch eines Wolkenzuges stürmisches Gejage.
Doch wenn der erste Lerchenruf vom Himmel fällt,
Silberner als ein Gestirn vom nahen Tage

Der erste Gruß, dann neigt die Schale sich erfüllt und schwer
Und langsam rinnt das dunkle Weltenblut
Ins blaue All, in unermessne Meer.

Die fernen Vorgebirge werden kaum
Von einer Woge noch gestreift: Die Schale ist geneigt und leer.

Da horch! Ein Firmament von Lerchenstimmen flammt –
Der Tag bricht an, die Sonne brennt im Meer.

Widmungsexemplar von Paul Ernst

Widmungsexemplar von Karl Wolfeskehl

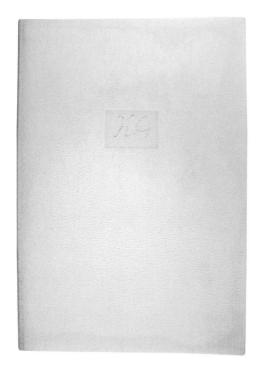

INHALT

Sappho 9
Sappho an Eranna 10
Zwei Oden. Auf ein griechisches Bildwerk . . 11
Ode an die Geliebte 13
Die apollischen Opfer:
    Eingang 18
    Die Nacht des Einsamen 18
    Entrückung 20
Auf eine Leier 22
Nachtlied 23
Zwei Liebeslieder 24
Morgenlied 26
Die Engel:
    Der Seraph 28
    Die Klage der näheren Engel 29
    Die stürzenden Engel 29
Der Liebende an den Morgenstern 31
Maria:
    Verkündigung 34
    Die Krönung Mariae 36
Elegie. Das Mädchen 43
Übertragungen:
    John Keats, Ode auf eine griechische Urne 48
    Percy Busshe Shelley, Fragmente aus
    Epipsychidion 51

In Maroquinleder gebundener Gedichtband; Initialen in Goldprägung auf dem Deckel;
Gesetzt und gedruckt im Dezember neunzehnhundertdreißig in der Werkstatt von Jakob Hegner in Hellerau,
In fünfhundert Exemplaren. Davon wurden dreißig numerierte Exemplare auf Zanders-Bütten abgezogen.

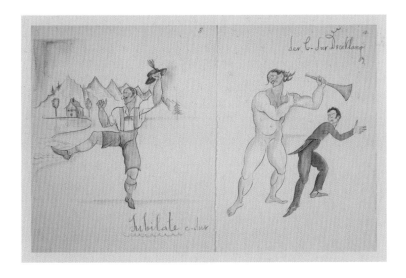

Zwei Zeichnungen aus Hemmerichs satirischem Bilderbuch „Harmonielehre", um 1940

öffentlicht. Das handschriftliche Deckblatt trägt den Vermerk „Begonnen in Paris September 1913, weitergeführt im Winter 1917/18 und im September 1919".

Einen in sich geschlossenen Teil bilden die satirisch—humoristischen „Bilderbücher" Hemmerichs, die wohl in erster Linie gesellschaftskritisch zu verstehen sind im Hinblick auf Militarismus und Bourgeoisie, aber auch Freude am zeichnerischen Spiel und Fabulieren verraten. Vielleicht eine Art spielerische Entspannung zu seinem Hauptwerk, den streng gegliederten religiösen meist großformatigen Arbeiten.

Er schrieb Texte zu seinen Bilderbüchern. Nachfolgend eine politische Satire auf das Vorkriegsdeutschland nach 1933:

Germanisch-manische Meditation

Eines ist mir noch nicht klar,
Wie die Lage damals war,
Ob man schon aus Wäldern tief

Stürmisch nach dem Führer rief?

Feinde gibt es ja nicht immer,
Und der Friede korrumpiert
Und im Frieden wird man schlimmer
Weil man nach Vergnügen giert.

Weil die Liberalen wühlen
Kommunisten Fußball spielen
Juden schon seit manchen Jahren
Wie die Arier Trambahn fahren.

Weil die Polen Nase puhlen
Und weil vieles nicht mehr stimmt
Darum hat uns Gott befohlen
Dass es bald zum Kriege kimmt.

Wo man fröhlich Feinde sichtet,
Froh den Säugling aus der Luft vernichtet
Froh den Brand in alle Häuser schmeißt
Bis die Landschaft Wüste heißt.

Von der Memel bis zur Schelde
Dass ich es nur richtig melde
Ist nun alles ausradiert;
Doch wir hoffen, dass in Bälde

Uns ein „neuer" Held zum Siege führt.

Dieser Held, man sieht es gleich,
Frommt dem Edelmannenreich.
Wo er hinhaut wächst kein Gras,
Neuen Mythos nennt man das.

Deutsche Mannen schlagen los,
Liberale denken bloß.
Deutscher Mut denkt nicht an Morgen,
Nur Marxisten haben Sorgen.
Deutsche Treue höchste Stärke
Ist jetzt am Berserkerwerke;
Was sie treibt, die Kraft, ist nordisch,
Nennt nur nicht den Knoten gordisch.

Arisch muss die Welt gesunden,
Was man stiehlt, hat man gefunden,
Wozu brauchen wir Verträge?
Wer uns liebt, der holt sich Schläge,
Wer uns hasst, den fürchten wir:
Mut ist des Germanen Zier!

Darüber hinaus gibt es noch zahlreiche handschriftliche Manuskripte die einer späteren Bearbeitung bedürfen.

Erwähnenswert ist die langjährige Freundschaft mit Karl Joseph Wolfskehl (1869 – 1948). Dieser wurde als Sohn einer jüdischen Patrizier Familie, die ihre Wurzeln bis in die Zeiten Karls des Großen zurückverfolgen konnte, in Darmstadt geboren, sein Vater war der angesehene Rechtsanwalt, Bankier und Landtagsabgeordnete Otto Wolfskehl. Er wuchs in liberaler Atmosphäre auf und studierte Altgermanistik, Religionsgeschichte und Archäologie in Gießen, Leipzig und Berlin. 1898 heiratete er die Tochter des holländischen Dirigenten des Darmstädter Kammerorchesters. Karl Wolfskehl war aktiv im Kreis um Stefan George, mit

dem er von 1892 bis 1919 die Zeitschrift „Blätter für die Kunst" und 1901 – 1903 die Sammlung „Deutsche Dichtung" herausgab. Es ist anzunehmen, dass Hemmerich Wolfskehl und George in der Münchener Zeit kennen lernte und mit ihnen gut bekannt war.

1933 emigrierte Wolfskehl zunächst in die Schweiz, wo es möglicherweise eine erneute Begegnung mit Hemmerich gab. Später flüchtete er über Italien nach Neuseeland, dort starb er 1948. Er war zugleich Zionist und leidenschaftlicher Deutscher. So schrieb er: „Mein Judentum und mein Deutschtum, ja mein Hessentum – das sind keine biologischen Antagonismen, es sind Ströme einander befruchtenden Lebens". Er betrachtete seine Arbeit 1926 als einen Beitrag im Kampf gegen die „fortschreitende Barbarisierung". Sein Schicksal weist Parallelen zu dem Hemmerichs auf, der ja „nur" mit einer Halbjüdin verheiratet war. Karl Wolfkehl fand in Neuseeland keine neue geistige Heimat, auch wenn er ein beeindruckendes Exilwerk hervorbrachte.

Hemmerich schreibt an ihn mit Datum vom 27. Okt. 1928:

"Ich habe ungemein bedauert, dass ich Sie vor meiner Abreise (Emigration in die Schweiz) von München nicht mehr habe sehen können, so bin ich abgereist mit dem Gefühle, etwas Unvollendetes zurückgelassen zu haben. Wann wieder werde ich einen Zuhörer haben, wie Sie einer sind? Es ist als ob die Musik durch den edlen Zuhörer sich ihrer selbst bewusst würde, nicht, indem sie eine Wirkung hat (Wirkung hat alles) sondern indem sie sichtbar

wird, nachdem sie hörbar war, sichtbar in der Seele des Hörers …

Auszüge aus einem weiteren, undatierten (1929 ?) Brief an Karl Wolfskehl:

„Ihr erhebender Brief kam, als Antwort auf meinen Ruf, aus überraschender Nähe; so wie man in dunkler Nacht, wo alle Entfernungen aufgehoben sind, sich anruft und die Stimme des Freundes die ganze Welt wieder findet, die geistige und die körperliche, aus überraschender Nähe. Wir leben in einer verfinsterten Welt und wir müssen es wissen. Möge Gott diese Dunkelheit über uns verhängt haben, um uns zu prüfen. In solchen Zeiten ist die menschliche Gemeinschaft die einzige und letzte Sicherheit. Alle vor-letzten Dinge haben aufgehört zu sein. Hier wird unser europäisches Gewissen der letzten Prüfung unterzogen. Ich nenne es das Form-Gewissen und wir Künstler sind seine verantwortlichen Träger. Wenn nämlich die Formen, als dem Zerfalle unterliegend, zerfallen sind, bleibt nur die Seele des Dichters noch als ‘Form’, als letzte Zuflucht Gottes. Unsere Werke aber müssen notwendig unvollendet scheinen, weil wir nicht in der ‘Fülle’ sind, sondern in der ‘Not’ weil wir nicht zu beendigen haben, sondern anzufangen haben. Deshalb sind unsere Werke an keiner Vergangenheit messbar und sollen nicht gemessen sondern ‘geglaubt’ werden“…

Auf die Münchener Zeit Hemmerichs geht wohl auch ein Briefwechsel mit Emil Preetorius (1883 – 1973) zurück. Dieser erhielt 1928 eine Professur an der Hochschule für bildende Künste in München. Von 1953 bis 1968 amtierte er als Präsident der Bayrischen Aka-

demie der schönen Künste in München. Hier der Anfang eines Briefes von Hemmerich an Pretorius vom 29.Okt. 1928:

„Die Übereinstimmung über die Formfrage müsste es zwei Europäern leicht machen, aus der zufälligen Begegnung eine gesetzmäßige zu machen. In jenem fernen Lande, wovon Sie uns ein so herrliches Bild zu geben verstanden, würde ein Wissender den Anderen in größerer Entfernung gesucht haben, unter größeren Opfern. Wir Europäer suchen und finden einander nicht, trotzdem wir wissen, das Suchen und Finden dasselbe sind … Sie haben, als Sie über China sprachen, von sich gesprochen. Im Gegensatz zu anderen Europäern haben Sie so ‘subjektiv’ als möglich gesprochen, wenn auch hinter der Maske des alten Chinas. Wer hätte das nicht verstehen sollen? Von diesem Augenblicke an beginnt meine Beziehung zu Ihnen“…

In Hemmerichs Nachlass findet sich ein Band von Paul Ernst (1866—1933) „Die Hochzeit“ ein Novellenbuch, als Erstausgabe 1913 bei Meyer & Jessen, Berlin erschienen. Dieser Band trägt die Widmung: „Zur freundlichen Erinnerung an den 26. Februar 1914 Paul Ernst“.

Hemmerich schreibt in einem undatierten Brief (wohl aus den 60-er Jahren) an einen Herrn „S“: *Die theoretischen Werke von Paul Ernst, von dessen tragischem Lebensende ich Zeuge war, halte ich immer noch für epochemachend. Zu seinen Dramen hatte ich nie wahrhaft Zugang, teils wegen ihrer (zu bewussten) Problematik, teils wegen der Verse, denen jede Sinnlichkeit fehlt und die meinem Ohr* nur schwer erträglich sind, da ich wesentlich Hörer bin und nicht Leser. Warum aber ist Paul Ernst 'völlig' vergessen? Können Sie das begründen? Man denke an das zugleich gewaltige, gewaltsame und unlesbare Kaiserbuch, das sein sittliches Wollen am stärksten spiegelt und das doch seine ganze künstlerische Existenz gefährdete, denn er war 'primär' kein Künstler, sondern ein (typisch deutscher) 'Wollender'...

1931/32 wurde ein von über hundert Ordinarien der Geisteswissenschaften unterzeichneter Antrag an die Schwedische Akademie gestellt, Paul Ernst den Literaturnobelpreis zu verleihen. Dazu kam es aber nicht.

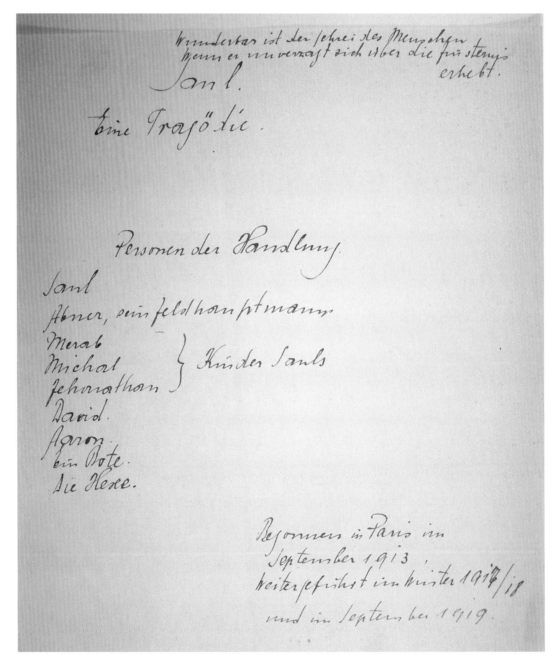

Handschriftliches Manuskript zu Hemmerichs 69 Seiten umfassender Tragödie „Saul" (unaufgeführt)

INHALT

Wirklichkeit und Überlieferung
    An Karl Wolfskehl . . . . Seite 9

Musik und Körpergefühl
    Gedanken vor einer Orgel 25

Der Dichter und die Wirklichkeit
    Versuch über Adalbert Stifter 49

Unzeitgemäßer Brief, die neueste Literatur
    betreffend 81

KARL GEORG HEMMERICH
WIRKLICHKEIT
UND ÜBERLIEFERUNG

Gedruckt im Herbst des Jahres 1930 in der Werkstatt von Jakob Hegner, Hellerau bei Dresden, in
dreihundert numerierten Exemplaren.
Dies ist die Nummer

Der Komponist

Es würde den Rahmen dieser Arbeit sprengen das gesamte kompositorische Schaffen Hemmerichs vorzustellen. Ein vielleicht nicht vollständiges Werksverzeichnis schließt mit opus 31 ab. Sein musikalisches Werk war zu seiner Zeit, ebenso wie seine großformatigen Ölbilder, umstritten. Immerhin hatte er vor seiner 1928 erfolgten Emigration einige Uraufführungen in München, die er meist selbst dirigierte. Er spielte mehrere Instrumente, Klavier, Cello, Klarinette und Orgel. In der Schweiz ließ er sich eine Hausorgel nach seinen Wünschen und Vorstellungen bauen.

In Badenweiler wurden noch 1950 einige Kompositionen aus seinem Werk aufgeführt. Er schreibt dazu in einem Brief v. 15. April 1950: *„Der einzige Lichtblick meines Aufenthaltes, außer unserer Wiederbegegnung, war eine vorzügliche Aufführung meiner Musik, die Du leider nicht kennst, in Badenweiler."*

In seinem schon erwähnten Buch „Wirklichkeit und Überlieferung" gibt es einen Aufsatz mit dem Titel „Musik und Körpergefühl – Gedanken vor einer Orgel". Da die Erstausstellung seines Gesamtwerkes in einer Kirche erfolgt, Variationen zu seinen Kompositionen auf der Orgel erklingen werden und dieses Instrument sein 'liebstes' war, sollen hier einige Abschnitte aus seinem Aufsatz eingefügt werden:

„Die vorliegende Schrift ist der Versuch, eine verantwortlichere Stellung zur Musik an einem musikalischen Instrumente anzutreten und zu begrün- *den. Dass hierzu die Orgel gewählt wurde, hat bedeutende Gründe und Hintergründe. Fürs Erste sei gesagt, dass dieses Instrument unter vielen als das Einzige erscheint, welches eine eindeutige musikalische Stellung sich bewahrt hat, indem es dem, was man Entwicklung nennt, getrotzt hat…*

Der Mensch ist auf keine leicht zu durchschauende Art mit seiner Umwelt verbunden. Sehr allgemein lässt diese Verbindung sich als ‚Körpergefühl' bezeichnen und ich habe diesen Begriff als Ausgangspunkt dieser Betrachtung gewählt…

Die großen, einigenden Kultbestrebungen der Kirche sind heute nur mehr Wenigen ‚Erlebnis', höchstens historische Anschauung, Bildungsvorstellung. Doch sind selbst diese Reste noch bedeutsam genug um sie zu betrachten. Jeder katholische Mensch hat eine mehr oder weniger deutliche Vorstellung von dem Orgelklange als einem Teile der Einheit ‚Kirche'. Die Majestät und Gewalt ihres Klanges erheben die Orgel weit über den Rang eines bloßen Instrumentes. Hier kann nicht von einem musikalischen Eindrucke, sondern nur von einem Körpergefühle gesprochen werden, welches ins Transzendente mündet. Spezielle musikalische Vorstellungen sind hier nicht beteiligt; und doch ist dieses Körpergefühl auch eine musikalische Wirkung und als solche vielleicht die stärkste, die es gibt; weil sie so allgemein ist, weil sie den ganzen Menschen ergreift.

Derselbe Zuhörer ist in einem Instrumentalkonzerte ein völlig Anderer.

Notenhandschrift
mit Widmung,
von 1925

Hier hat er schon intellektuelle oder Bildungsvorstellungen (Erfahrungen); hier 'kommt' die Musik auf 'ihn' zu und er 'weiß' dass es eine bestimmte oder bestimmbare Musik ist; er hat sozusagen, geographische Vorstellungen von ihr.

Es kann also, so betrachtet, für den Zuhörer das, was in der Kirche ,Musik' ist, unmöglich dasselbe sein, was er im Konzerte 'glaubt', dass es Musik sei. Im ersten Falle hat er ein 'Erlebnis' im zweiten aber eine 'Erfahrung'...

Wir haben in der Orgel ein Instrument gefunden, welches am stärksten von allen möglichen Instrumenten musikalisch im Sinne dieser Untersuchung ist...

Da hier von einem Körpergefühle als etwas elementarem gesprochen wird, genügt der Begriff 'Harmonie' als Ursache des 'Klanges'; Klänge können Erweiterungen einer gegebenen Ordnung sein. 'Ohne Weiteres' ist also die Beziehung von 'Klang' zur 'Musik' nicht herstellbar. Ohne diese Begrenzung ist von der Orgel nicht zu reden, ihr Unterschied von allen anderen Instrumenten nicht deutlich zu machen. Orgeln gab es schon in Zeiten, deren musikalischen Begriffe und Praxis wir als barbarisch empfinden. Vom Körpergefühle aus ist aber der Unterschied zwischen den verschiedenen ,Perioden' der Musikausübung so groß nicht, wie die Historiker ihn hinstellen, denn ,jede' musikalische Wirkung kann zu jeder Zeit auf ein ihr entsprechendes Körpergefühl treffen...

Die Klangerscheinungen der Musik verschiedener Jahrhunderte zeigen sehr verschiedene Richtungen. Streng genommen hört die unmittelbare kulti-sche Beziehung der Musik mit den großen burgundischen Meistern auf. Die weitere Entwicklung zeigt ein immer stärkeres Eindringen subjektiver Ausdruckselemente in die wahrhaft ,objektive' Musik und sie gipfelt zuletzt in dem ungeheuren Individuum Bach, dessen Werke fälschlich unter die ,absolute' Musik gerechnet werden, trotzdem sie, mehr als manche ,Programmmusik' von poetischen, ja, von Bildvorstellungen, bewegt, gespeist, erregt werden ... Folgendes ist noch zu bedenken: Die Masse der Menschen war bis ins 19. Jahrhundert herein nur indirekt, nicht direkt, also durch Kulthandlungen an der Kunstmusik beteiligt. Durch ausgebreitete Bildungsbestrebungen einerseits, das Verschwinden des kultischen Hintergrundes andererseits, ist die Musik nach und nach 'Allgemeingut' geworden und das Ergebnis ist der Musikproletarier, der hörende und der ausübende. Alle Schranken sind gefallen und die Musik hat alle Niederungen des Lebens überschwemmt und verschlammt. Der Musikproletarier ist verwöhnt; der Orgelklang ist ihm nicht mehr genießbar, nach anderen klanglichen Reizungen, bei welchen er nicht verpflichtet, 'erhoben' wird als Ganzes im größeren Ganzen, sondern bei welchem nur 'Teile' seines Körpers genießen. Freilich 'Erlebnisse' darf man vor der Orgel nicht haben; sie weigert sich, etwas zu 'begleiten', illustriert nichts, bewegt nichts; ein-tönig beharrt sie auf ihrem Tone; sie hat einen 'Klang', Klänge aber nicht. Die sinnliche Differenzierung ihrer Register hat sie um nichts bereichert, im Gegenteil: Die ,Farben', welche man glaubte, ihr leihen zu müssen, waren nur ein Anstrich; darunter blieb ihr Klang, was er immer war: Magisch, undurchbrechbar, unauflösbar in seiner ‚Intensität‘, welche mit der Klangstärke nichts zu tun hat…

Über den ‚Gebrauch‘ der Orgel ist nun Einiges anzumerken. Wir haben uns, da wir längst außerhalb aller kultischen Bindungen leben, daran gewöhnt, das ‚Individuum‘ in den Vordergrund unseres Lebens und Fühlens zu stellen. Diese Vermenschlichungswut hat uns nicht nur des wahren, das heißt kultischen (symbolischen) Gebrauches aller Dinge, sondern auch aller Formen beraubt, in welchen die Seele sich allgemein und von allen drückenden Beziehungen des ‚Lebens‘ befreit, vor Gott stellen konnte. Diese hier gemeinten Formen gehen auf das Dasein der Seele; sie sind Vermittler (Symbole) und stellen, sozusagen, den kürzesten Weg her zwischen Mensch und Gott. Jede Art von Individualismus wird an ihren Grenzen formlos, unbestimmt; dies betrifft auch die Masse der Menschen, welche heute trotz der ‚Organisation‘ völlig individualisiert sind, obschon hier ein Widerspruch zu liegen scheint und tatsächlich auch liegt: Die Organisation ist eine ‚künstliche‘ Art der Gemeinschaft, im Gegensatz zur ‚natürlichen‘, und geht auf die Befriedigung der untersten Bedürfnisse; diese werden in der Organisation zusammengefasst uns somit zu jener ungeheuren ‚Macht‘, die heute alles ‚organische‘ Leben zerstört. Die Organisation muss, um zu existieren, unaufhörlich künstliche Spannungen erzeugen, sehr im Gegensatz zum natürlichen, organischen Leben, welches Spannungen ‚löst‘, indem es die höhe-

ren Bedürfnisse mit einbezieht. Das Gesetz des organischen Lebens heißt ‚Ausgleich‘…

Wie die Ruine eines alten Tempels ragt die Orgel noch in unsere Zeit hinein. Keine noch so wohlgemeinten historischen Erweckungsversuche geben uns aber das Kultbewußtsein wieder, wovon sie einmal Zeuge und Träger war. Und nur einzelnen Menschen wird es noch möglich sein, unter Einsatz aller zivilisatorischen Sicherungen, sich dieser Orgel zu nähern zum heimlichen Gottesdienste in den Katakomben der Zeit …

In den vielen Reden und Büchern über den ‚Zusammenbruch‘, von welchem jeder glaubt, er ‚sähe‘ ihn, findet man viele künstliche, weit herbeigeholte Erklärungen. Es gibt aber nur eine: Die für den Bestand der Menschheit, als Einheit, unbedingt notwendige Rangordnung ihrer ethischen und sozialen Erscheinungen ist zusammengebrochen. Dies ist aber Verzweiflung und unsere sinn– und gemütlose ‚Anwendung‘ der Musik ist es auch. Das Gerede von der ‚Kunst als Bildungsfaktor‘ ändert daran nichts. Wäre nämlich Ordnung, so wäre auch ‚Abstand‘ und wo ist dieser? Es geht alles durcheinander und ineinander.

In der Orgel alleine fühle ich noch den Rest eines sittlichen Abstandes des Spielers von der Musik; in ihr ist die Majestät der einfachsten Tonfolgen noch erhalten; sie weigert sich, etwas anderes auszusagen, als die Musik und verweist die Affekte dahin, wo sie ihren Platz haben sollen: im gemeinen Leben. Wir haben die Moral der Musik dem Klange geopfert; wir haben die absolute und die relative Musik, je nach Bedarf, wir haben Romane, Essays, Feuilletons als Musik, welche völlig zum Inhalte geworden ist. Sie sagt alles willig aus, was ‚nicht musikalisch‘ ist; diese Musik und ihre Ausübung haben kein Formgewissen mehr. Die Form, das Allerheiligste, als ‚Schauung‘ ist nur von der Seele her zu verstehen, wie die Geheimnisse der Religion: Sie offenbart Gott, aber durch verbergen, sie sind Form und Gefäß, das den Inhalt ‚Gott‘ umschließt, einschließt, birgt, aber auch verbirgt. Es ist in dieser Schrift, dem, was heute ‚Bildung‘ genannt wird, auf das Stärkste widersprochen worden. Der Grundsatz ‚dieser Bildung‘ ist: Jedes ist für Jeden; nichts ist unerreichbar für den Tüchtigen.

Wenn es möglich wäre, durch Zauberei etwa die großen Männer unseres Volkes unter uns zu sehen; wenn man nichts von ihnen wüsste, als nur ihre Namen: Ob wohl einer darunter wäre, der ‚tüchtig‘ wäre im Sinne unserer nationalen Bildungsreklame? Der große Lichtenberg (Georg Christoph Lichtenberg, 1742—1799), der im Leben ein kleiner, scheuer, verwachsener Mensch war, und so gewiss nicht tüchtig, als er einer unserer größten, freiesten Geister war, sagt in den ‚Moralischen Bemerkungen‘: „Es gibt jetzt der Vorschriften, was man sein soll, so mancherlei Arten, dass er kein Wunder wäre, wenn die Menge auf den Gedanken geriete, zu bleiben, was sie ist“. Und an einer anderen Stelle: „Wahrhaftes, unaffektiertes Misstrauen gegen menschliche Kräfte in allen Stükken, ist das sicherste Zeichen von Geistesstärke“. Über solche Worte sollten unsere Bildungsregisseure sich

Gedanken machen; ich fürchte aber, ihr unheiliger Eifer lässt ihnen keine Zeit dazu; sie haben wichtigeres zu tun, als sich Gedanken zu machen über das, worauf ihr Streben ruht. Es ist gewiss, dass ein Volk ohne Bildung in eine solche Not nicht kommen kann, als eines mit zu viel Bildung, das heißt, mit missverstandener Bildung…

Der ‚musikalische‘ Mensch ist nur ein Teil des sittlichen Menschen, für dessen Formgewissen jeder Tag ein erster Schöpfungstag ist. Sein Wille sucht das Gesetz, den Erscheinungen als Ordnung innewohnend. Und wie er diese Ordnung erlebt, wie er in ihr Teilganzes wird, das ist das restlose Körpergefühl. In dem instrumentalen Jahrmarkte der Zeit hat die Orgel keine Stimme und doch ist sie noch da und erwartet die Zeit, in welcher sie wieder sein wird, was sie von jeher war:

‚Die Königin der Instrumente‘

Bildteil

Studie,
Kohle weiß
gehöht,
44 cm x 58 cm,
Paris 1913

Studie, Kohle, 58 cm x 44 cm, Paris 1913

Kreuzigung, Mischtechnik, 150 cm x 200 cm, um 1915

Kreuz tragender Christus, Rötel auf Pergament, unsigniert, 175 cm x 130 cm, wohl 1914

Studie, Rötel, 21 x 31 cm, 1948

Auferstehung, Öl auf Leinwand, 120 cm x 170 cm, um 1930

Studie, Rötel, 21,5 cm x 31 cm, um 1930

Öl auf Platte, 40 cm x 60 cm, um 1940

Flügelaltar, Höhe 40 cm, Breite offen 55 cm, geschlossen 28 cm.
Malgrund und Rahmen blattvergoldet, 1946

Flügelaltar, geöffnet

Frauen und Engel am leeren Grab, 126 cm x 135 cm, um 1935

Radierung aus dem nicht vollendeten Zyklus „Marienleben", 22 cm x 28 cm
Vom Künstler bezeichnet: „Probedruck", datiert 1919

Verkündigung, Öl auf Leinwand, 120 cm x 170 cm, um 1950

Pieta, Studie zum nebenstehenden Bild, Mischtechnik auf Pergament, 150 cm x 200 cm, um 1930

Pieta, Öl auf Holztafel, 150 cm x 200 cm, um 1932

Studie zur Fußwaschung, Rötel, weiß gehöht, auf Pergament, 120 cm x 150 cm

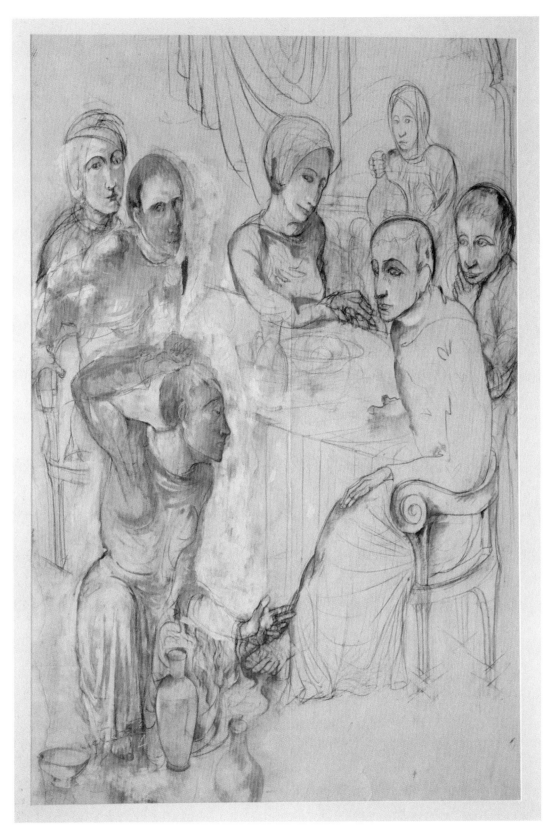

Studie zur Fußwaschung, Mischtechnik, auf Pergament, 110 cm x 150 cm

Fußwaschung, Öl auf Leinwand, 120 cm x 160 cm, 1945

Fußwaschung, Öl auf Leinwand, 120 cm x 170 cm, um 1945
Zahlreiche Fotos halten verschiedene Zustände dieses Themen-Kreises fest, beginnend mit 1933

Studie, Rötel weiß gehöht, 22 cm x 27 cm, 1947

Ölberg, Öl auf Holztafel, 130 cm x 180 cm, um 1950

Ölberg, Bleistiftstudie, 130 cm x 170 cm, um 1930

96

Ölberg, Mischtechnik, 146 cm x 195 cm, um 1930

David und Saul, Rötel auf Pergament, 105 cm x 155 cm, um 1930

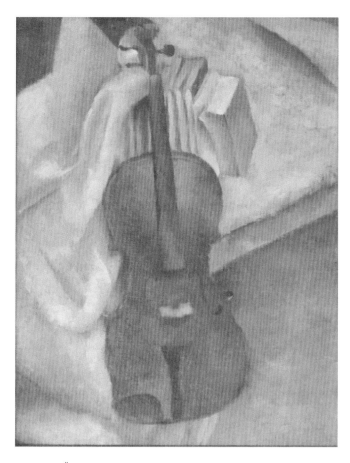

Stillleben, Öl auf Tafel, 45 cm x 58 cm, um 1925

Stillleben, Öl auf Tafel, signiert und datiert 1923, 58 cm x 48 cm

Öl auf Tafel, signiert und datiert 1923, 58 cm x 48 cm

Öl auf Tafel, signiert und datiert 1923, 58 cm x 48 cm

Aktstudie, 18 cm x 33 cm, um 1940

Halbakt, Öl auf Platte, 60 cm x 90 cm, um 1947

Akt mit Krug, Öl auf Leinwand, 87 cm x 106 cm, 1949

Inhalt

Erstausstellung 1

Grußworte 2

Einleitung 4

Biographisches 6

Der Maler 32

Der Schriftsteller 63

Der Komponist 72

Bildteil 77

Notizen zu Karl Georg Hemmerich als Maler und Graphiker
Zur Einführung in die Ausstellung

Thomas Noll

In ihrem Buch über 'E.T.A. Hoffmann und seine Illustratoren' schrieb Elke Riemer 1976: "Karl Georg Hemmerichs Radierungszyklen von 1912/18 wurden der Öffentlichkeit erst durch die Bamberger Ausstellung von 1967 'Hommage à E.T.A. Hoffmann' bekannt und von der Kritik einstimmig als Höhepunkt der Hoffmann-Illustration gewürdigt. Hemmerich war vordem noch unbekannt. Nachforschungen nach seiner Biographie und weiterem künstlerischen Werk blieben vergebens. (...) Die Radierungen zu Hoffmanns Werk sind bislang das einzige Zeugnis seiner Kunst."[1] An dieser nahezu vollständigen Vergessenheit des Künstlers scheint sich in den vergangenen dreißig Jahren wenig geändert zu haben. Die Feststellung von Elke Riemer, daß Hemmerich in den einschlägigen Künstlerlexika nicht aufgeführt wird[2], gilt bis heute; das im Erscheinen begriffene 'Allgemeine Künstlerlexikon', das zuletzt voraussichtlich etwa 500 000 Namen verzeichnen wird, sieht nach dem 'Bio-bibliographischen Index' aus dem Jahre 2000 für Hemmerich keinen Eintrag vor[3].

Um so schwerer wiegt unter diesen Umständen sowohl die Ausstellung mit Gemälden, Aquarellen, Zeichnungen und druckgraphischen Arbeiten von Karl Georg Hemmerich, die heute, knapp 27 Jahre nach dessen Tod, eröffnet wird, als auch der begleitende, von Wolfram Lambrecht besorgte Bild- und Quellenband. Ausstellung und Buch gehen entschieden daran, Hemmerichs Werk aus dem Dunkel des Vergessens zu ziehen, in dem es bislang, wie die Bemerkung von Elke Riemer bezeugt, selbst für die geblieben ist, die Nachforschungen über den Künstler angestellt haben. Die folgenden einführenden Worte zur Ausstellung stehen ganz und gar am Anfang einer kunsthistorischen Beschäftigung mit Hemmerich. Entsprechend können sie auf der Basis der präsentierten Arbeiten nur erst einige Umrißlinien von dessen künstlerischer Statur zeichnen und einige Gesichtspunkte benennen, denen künftig auf breiterer Grundlage genauer nachzugehen wäre. Zu fragen ist nach Hemmerichs Platz und seinen Bezugspunkten in der Kunst des 20. Jahrhunderts, nach seinem Themenkreis und nach dem inhaltlichen Verständnis seiner Kunst. Namentlich bei diesem letzten Aspekt bleiben, wie wir sehen werden, die Grenzen einstweilen sehr eng gesteckt.

Zu den frühesten erhaltenen Werken Hemmerichs, die aus den Jahren kurz vor und nach dem Beginn des Ersten Weltkriegs datieren, gehört eine in Mischtechnik ausgeführte großformatige 'Kreuzigung' um 1915 (S. 78)[4]. An einem gewundenen Baumstamm, der unmittelbar vom unteren Bildrand aufsteigt und im oberen Abschnitt sich verzweigt, hängt, seinerseits schräg die gesamte Bildhöhe durchmessend, mit verwinkelten Gliedern ein Gekreuzigter. Trotz der eher ungewöhnlichen Form des Kreuzes - das immerhin an ein Astkreuz erinnert -; trotz der unüblichen Haltung des rechten Arms; und trotz fehlender eindeutiger Hinweise auf Christus wird doch der leidende Heiland mit der Gestalt zu assoziieren sein als der Gekreuzigte schlechthin. Auch die Physiognomie und die Art, wie das lange Haar von dem geneigten Haupt herabhängt, bezieht sich

---

[1] Elke Riemer, E.T.A. Hoffmann und seine Illustratoren, Hildesheim 1976, S. 40 (über Hemmerich handeln S. 40-43); s.a. S. 209, Anm. 132, wo es über die vergeblichen Nachforschungen heißt: "Diese wurden vom Bamberger Kunstverein und Karl-Heinz Bauer, der Hemmerichs Radierungszyklen besitzt, unternommen."

[2] Ebd., S. 40.

[3] Allgemeines Künstlerlexikon. Bio-bibliographischer Index A-Z, 10 Bde., München, Leipzig 1999-2000, Bd. 4 (2000), S. 667; hier wird nur Cornelius Heinrich Hemmerich, ein Kupferstecher aus der zweiten Hälfte des 18. Jahrhunderts, erwähnt.

[4] Die Seitenzahlen beziehen sich hier und im folgenden auf den Begleitband zur Ausstellung von Wolfram Lambrecht, Karl Georg Hemmerich 1892-1979. Maler - Schriftsteller - Komponist. Ein Leben gegen den Zeitgeist, Steinebach a.d. Wied 2006.

5 Uhr früh' von 1913 gibt die Beziehung zum Expressionismus zu erkennen (Abb. 5)[9]. Unmittelbar vergleichbar erscheint die Dynamisierung des Raumes, die Gestaltung namentlich des Hügels bzw. der Straße, die stark in die Fläche gewendet und von 'Kraftlinien' oder 'Vektoren' durchzogen werden. Von der kantig gebrochenen expressionistischen Formensprache unterscheidet sich Hemmerich jedoch durch seine organisch bewegten Figuren und die abstrakten fließenden Linienbündel im Hintergrund. Hier handelt es sich um Relikte des Jugendstils, wie beispielsweise ein (später) Farbholzschnitt von Fritz Endell zeigt (Abb. 6)[10]. Formgebilde des dynamischen Jugendstils wie diese Spirale stehen hinter den Himmelsstrukturen auf Hemmerichs Blatt. Dasselbe wie für den 'hl. Sebastian' gilt übrigens für einen zweiten Holzschnitt von 1914; wiederum wird der Gekreuzigte vor Augen gebracht, der diesmal von zahlreichen Zuschauern - Klagenden und Spöttern - unter dem Kreuz umringt ist (S. 22). Expressionismus und Jugendstil gehen auch in diesem Fall eine Verbindung ein, um das Kreuzigungsgeschehen - als Sinnbild für die Kriegsleiden - in ein apokalyptisch anmutendes Szenarium einzubetten.

Nochmals in einem anderen Licht präsentiert Hemmerich sich mit einer Radierung aus dem Jahr 1913, die während eines Studienaufenthalts in Paris entstanden ist (S. 31). Bei einer im wesentlichen naturalistischen Raumerschließung ist in starker Tiefenflucht im Zentrum des Blattes ein Mann offenbar mit der Niederlegung eines Kreuzes befaßt. Verschiedene Personen in unterschiedlicher Gemütsverfassung sehen dem Vorgang zu. Ohne daß von dem Gekreuzigten mehr als anscheinend ein Teil der Hüfte sichtbar würde, deuten doch der Vorgang als solcher, die Lichtemanation hinter dem Kreuz an der Stelle, wo das Haupt des Gekreuzigten zu vermuten ist, und überhaupt die auf dieses Kreuz ausgerichtete punktuelle, übernatürlich anmutende Lichtfülle inmitten tiefer Finsternis auf die Kreuzabnahme Christi hin, die damit, indem sie den Toten verbirgt, in ungewöhnlicher Ikonographie dargestellt wäre.

Stilistisch gehört dieses Blatt in die Tradition des späten 19. Jahrhunderts und hat seine nächste Parallele in einer Radierung wie der um 1895 entstandenen 'Beratung', der ersten (verworfenen) Fassung von Blatt 3 des 'Weber'-Zyklus, von Käthe Kollwitz (Abb. 7)[11]. Beiden Blättern gemeinsam ist auf der Grundlage einer naturalistisch-realistischen Wirklichkeitsschilderung die starke Tiefenräumlichkeit, die Art, wie Licht und Schatten flächenhaft und in scharfem Kontrast unvermittelt nebeneinander stehen, endlich eine dynamische, eigenwertige Linienstruktur, die kräftige und teils langgezogene Parallelen und Kreuzschraffuren aufweist. Ob tatsächlich gerade Käthe Kollwitz für Hemmerich von Bedeutung war, mag dahingestellt bleiben; hier kommt es nur darauf an, die mit ihr bezeichnete Stilform zur Kennzeichnung von Hemmerichs Blatt offenzulegen.

Für Hemmerichs Schaffen in den Jahren um 1913 bis 1915 ergibt sich danach ein überraschend vielgestaltiges Bild. Inhaltlich fügen die erwähnten Werke seit 1914 sich zusammen, wie es scheint, in dem Bemühen um einen adäquaten künstlerischen Ausdruck für das Erlebnis des Ersten

---

[9] Ludwig Meidner, Südwestkorso, Berlin, 5 Uhr früh, 1913, Bleistift, 42,1 x 56,6 cm, sign. u. dat. re.: L Meidner 1913, beschriftet u. re.: Süd-Westkorso 5 Uhr früh, Sammlung Marvin and Janet Fishman, Milwaukee / Wisconsin. Art in Germany 1909-1936. From Expressionism to Resistance. The Marvin and Janet Fishman Collection, Kat. d. Ausst. Milwaukee Art Museum, Milwaukee / Wisconsin, 6.12.1990-3.2.1991 u.a., bearb. v. Reinhold Heller, München 1990, S. 102: zu Meidner s. vor allem Gerda Breuer u. Ines Wagemann, Ludwig Meidner. Zeichner, Maler, Literat 1884-1966, Kat. d. Ausst. Mathildenhöhe, Darmstadt, 15.9.-1.12.1991, 2 Bde., Stuttgart 1991.

[10] Fritz Endell (nach einer Zeichnung von Hermann Obrist), Phantastische Erfindung-Spirale, 1927, Farbholzschnitt, 26 x 11,9 cm, Staatliche Graphische Sammlung, München. Wege in die Moderne. Jugendstil in München 1896 bis 1914, Kat. d. Ausst. Museum Fridericianum, Staatliche Museen Kassel, hrsg. v. Hans Ottomeyer, Kassel 1996, Nr. 128. Anstelle von Endells Farbholzschnitt, der als charakteristisches Werk des Jugendstils doch erst 1927 entstanden ist, könnte auch eine Federzeichnung von Kolo Moser um 1898 als Vergleichsbeispiel genannt werden. Siegfried Wichmann, Jugendstil, floral, funktional, in Deutschland und Österreich und den Einflußgebieten, Herrsching 1984, Abb. 1.

[11] Käthe Kollwitz, Beratung, 1895(?), Radierung, 29,6 x 21,8 cm, Privatbesitz. Alexandra von dem Knesebeck, Käthe Kollwitz. Die prägenden Jahre, Studien zur internationalen Architektur- und Kunstgeschichte, Bd. 6, (Diss. phil. Göttingen 1996) Petersberg 1998, Abb. 122; s. dazu ebd., S. 131-140 u. S. 156-158, bes. S. 140.

Weltkriegs, genauer: für das mit diesem Krieg heraufziehende unsägliche Menschenleid. Hemmerich greift dazu (in den vorliegenden Arbeiten) auf traditionelle christliche Themen zurück, die als unmißverständliche Pathosformeln ins Überzeitlich-Repräsentative gewendet werden und damit zugleich aktuell auf das Tagesgeschehen zu beziehen waren. Heterogen stellen diese Bilder sich dagegen in stilistischer Hinsicht dar. Übergangslos und unverbunden entstehen Werke, die dem Realismus, dem Jugenstil bzw. dem Expressionismus und konkret Franz Marc verpflichtet sind. Auf hohem Niveau ist der zu Beginn des Krieges gerade 22jährige Hemmerich zu dieser Zeit ein offenbar intensiv Suchender, der in den verschiedensten künstlerischen Techniken die unterschiedlichsten Vorbilder sich anzuverwandeln sucht und dies auch vermag - ohne allerdings noch zu einer eigenen künstlerischen Form zu gelangen.

Aber das skizzenhaft entworfene Spektrum umfaßt in denselben Jahren noch immer weitere Facetten. Elke Riemer zufolge, die sich offenbar auf datierte Probedrucke stützen konnte, schuf Hemmerich seit 1912 Radierungen zu E.T.A. Hoffmanns 'Fantasiestücken in Callot's Manier' (4 Bde., 1814-1815), und zwar zehn Blätter als 'Fantasiestücke in Callots Manier' und elf Radierungen als 'Kreisleriana', das heißt bezogen auf das bei Hoffmann unter diesem Titel firmierende, je sechs Teile umfassende dritte und neunte der 'Fantasiestücke'.[12] Als Mappe erschienen die in der Ausstellung präsentierten 'Kreisleriana. Elf Radierungen zu E.T.A. Hoffmann' in 75 Exemplaren bei Ferdinand Bruckmann in München 1920 (S. 36 und 39). Im Mittelpunkt stehen hier mit den Blättern 2 bis 8 Illustrationen zum dritten Teil des neunten 'Fantasiestücks', zu "Kreislers musikalisch-poetischem Clubb".[13] Blatt 3 führt den Kapellmeister Johannes Kreisler vor Augen, wie er vor den "Clubbisten" am Flügel fantasiert (S. 42); dargestellt ist der "Asmoll Akkord (mezzo forte)", zu dem es bei Hoffmann heißt: "Ach! - sie (die Klänge und Akkorde der Musik, d.V.) tragen mich ins Land der ewigen Sehnsucht, aber wie sie mich erfassen, erwacht der Schmerz und will aus der Brust entfliehen, indem er sie gewaltsam zerreißt."[14] Kreisler, den Hemmerich hier wie sonst physiognomisch E.T.A. Hoffmann angleicht und damit die autobiographischen Züge der Kunstfigur herausstreicht, erscheint im Profil, wie er mit der linken Hand auf dem Flügel den Akkord anschlägt; zwei Männer stehen beiderseits neben ihm, halten ihn an der Schulter und flüstern ihm ins Ohr bzw. fallen ihm in den Arm und weisen auf das Notenblatt. Gemeint sind nicht zwei der fünf "Clubbisten", wie schon die physiognomische Ähnlichkeit mit Kreisler zu erkennen gibt (bei Hoffmann ist im übrigen von einer solchen Intervention auch nicht die Rede), sondern mutmaßlich die personifizierten (widerstreitenden) Empfindungen Kreislers, die Sehnsucht, die ihn zum Spiel antreibt, und vielleicht auch der Schmerz, der ihm Einhalt gebieten will.[15]

Formal-stilistisch weicht die Radierung von allem ab, was wir zuvor gesehen haben; nochmals wird ein anderer Bezugspunkt gewählt, und zwar unverkennbar Francisco de Goya.[16] Nur andeutungsweise entwickelt Hemmerich den Bildraum. Die Bodenzone und den Hintergrund markieren streng horizontal geführte Parallelschraffuren, dazwischen bleibt eine offenbar als hell beleuchteter Fleck im Dämmer des Gemachs zu denkende unbezeichnete Fläche ausgespart. Auch der Flügel ist rein durch horizontale (dunkler sich absetzende) Parallelschraffuren und nur partiell

---

[12] Vgl. dazu Riemer (wie Anm. 1), S. 40, und im vorliegenden Band S. 14 u. 34.

[13] Text und Kommentar s. in der Ausgabe: E.T.A. Hoffmann, Fantasiestücke in Callot's Manier. Werke 1814, hrsg. v. Hartmut Steinecke, ders., Sämtliche Werke in sechs Bänden, Bd. 2/1, Bibliothek deutscher Klassiker, Bd. 98, Frankfurt a.M. 1993, S. 370-375, 416-418 u. S. 823-831, 834f.

[14] Ebd., S. 372.

[15] Riemer (wie Anm. 1), S. 42 u. Abb. 30, verknüpft den 'As moll-Akkord' mit dem vierten Blatt, das aber im vorliegenden Band schon rein anschaulich zu Recht dem 'C dur-Akkord' zugeordnet erscheint (S. 43).

[16] Bereits Freiherr von Gebsattel (S. 37) in seiner Besprechung der Mappe, und Elke Riemer (wie Anm. 1), S. 42, nennen Goya, allerdings ohne allzu großen Nachdruck. Bei Riemer heißt es: "Hemmerichs unverwechselbarer Stil ist zwar vom Expressionismus und Kubismus beeinflußt, zeigt aber einen phantastischen Realismus, der beiden Stilrichtungen fremd ist. Goya könnte hier Pate gestanden haben." Tatsächlich ist Goya das entscheidende Vorbild, während der Kubismus nichts und der Expressionismus allenfalls von fern mit den Blättern etwas zu tun hat.

erwähnten religiösen Motiven, die auf das Kriegsgeschehen sich beziehen, kaum mehr verwundern. Doch überhaupt stellt die Aufnahme biblischer Themen, auch in Form von graphischen Zyklen, keine Ausnahme in der Kunst vor und nach dem Ersten Weltkrieg dar. Erinnert sei nur an Franz Marcs Projekt einer illustrierten Bibel (erster Hinweis März 1913), an dem Kandinsky, Paul Klee, Erich Heckel, Oskar Kokoschka und Alfred Kubin mitwirken sollten (ausgeführt wurden nur Kubins Illustrationen zum Propheten Daniel; zwölf Zeichnungen erschienen in dem Buch 'Der Prophet Daniel' 1918 bei Georg Müller in München)[23] oder an Max Beckmanns sechs Lithographien zum Neuen Testament, genauer: zu den Evangelien, von 1911 (zweite Auflage 1917)[24]. Als Besonderheit von Hemmerichs Mappe dürfte dagegen die Auswahl der Motive anzusehen sein. In chronologischer Ordnung sind dargestellt die Salbung Christi in Betanien durch die große Sünderin bzw. Maria Magdalena, der Verrat durch Judas, Christus vor Pilatus, die Verleugnung Petri, die Geißelung Christi, die Dornenkrönung in zwei Fassungen, die Verspottung (nach der Dornenkrönung) und die Präsentation Christi vor dem Volk (Ecce homo) (S. 53-62). Es fehlen in der 'Großen Passion' mithin alle Ereignisse nach der Verurteilung Christi von der Kreuztragung bis zur Auferstehung und Himmelfahrt. Möglicherweise war ursprünglich eine umfangreichere Folge geplant, in der diese späteren Geschehnisse hätten gezeigt werden sollen; anders wäre die vorliegende Themenzusammenstellung nicht leicht zu erklären, denn in einem ausdrücklich so bezeichneten Passions-Zyklus würde namentlich der Gipfelpunkt des Leidens, die Kreuzigung, ausgespart sein, was kaum denkbar erscheint.

Bemerkenswert ist nun, daß Hemmerich mit diesen Radierungen, Blättern in derselben Drucktechnik also, in der die Illustrationen zu E.T.A. Hoffmann ausgeführt sind, formal-stilistisch abermals einen zuvor nicht vernehmbaren Ton anschlägt. Wohl sind noch immer Anklänge an Goyas Kunst zu beobachten, im ganzen aber weicht der Stil um einiges von diesem Vorbild ab. Nehmen wir die erste Fassung der 'Dornenkrönung' (S. 59). Im Zentrum des annähernd quadratischen Formats ist Christus halb kniend in einem hell leuchtenden Gewand (also offenbar nicht in dem Purpurmantel, der ihm eigentlich bei der Dornenkrönung und Verspottung umgetan wird; vgl. Mt. 27, 28 u.a.), die (vermutlich) gebundenen Hände eng an den Leib gepreßt und mit Dornenkrone, wiedergegeben. Ihm gegenüber und zu beiden Seiten sieht man diejenigen, die "vor ihm auf die Knie" fielen und ihn verhöhnten, "indem sie riefen: Heil dir, König der Juden!" (Mt. 27, 29). Mit den Frauen hinter ihm, die mit entsetzt oder klagend erhobenen Händen dem Geschehen zusehen, scheinen (abweichend vom biblischen Text, der diese Frauen nicht erwähnt) die Mutter Jesu und zwei der anderen Marien dargestellt zu sein. Die Szenerie ist formal aus einem Gespinst feinster Schraffuren entwickelt. Plastisch hebt sich Christus, der seitlich vom Licht getroffen wird, als hellste Gestalt von seiner Umgebung ab. Durch Umrißlinien, Binnenzeichnung und feine Kreuzschraffuren sind die Falten des Gewands, aber auch der Kopf kräftig herausgearbeitet, auf der verschatteten Körperhälfte wird die Binnenstruktur hingegen von unregelmäßigen Lineamenten übersponnen, die teils über die Körperkonturen hinausgreifen und die Gestalt so mit ihrem Umraum verweben. Auch bei allen übrigen Personen und Gegenständen lassen sich diese Prinzipien feststellen. Mehr oder weniger deutlich, je nach Beleuchtung, sind die Fugen des Fliesenbodens oder die Falten eines Gewands gegenständlich in ihrer Struktur charakterisiert, in verschatteten Partien breitet sich darüber jedoch ein Gewebe vielfältiger, teils außerordentlich feiner Schraffen, die alle Einzelheiten in einem atmosphärischen Dämmer zusammenschließen. Kaum mehr ist hier etwas von den streng horizontalen oder den körperbetonten dynamischen Parallelschraffuren der 'Kreisleriana'-Mappe zu finden (in anderen Blättern zum Teil noch eher), aber auch von der 1913 entstandenen 'Kreuzabnahme' mit ihren langgezogenen und ihrerseits spannungsvoll-dynamischen Linienzügen unterscheidet sich das Kleingespinst der Striche in der vorliegenden Radierung.

[23] Meike Hoffmann, Druckgraphik des Blauen Reiters, in: Der Blaue Reiter und seine Künstler, Kat. d. Ausst. Brücke-Museum, Berlin, 3.10.1998-3.1.1999 u.a. hrsg. v. Magdalena M. Moeller, München 1998, S. 127-146, S. 139.
[24] James Hofmaier, Max Beckmann. Catalogue raisonné of his prints, 2 Bde., Bern 1990, Bd. 1, Nrn. 18-23.

Als Anknüpfungspunkt in diesem Fall könnte man auf den ersten Blick erneut an Alfred Kubin denken, doch finden sich in seinen Federzeichnungen (oder entsprechenden graphischen Arbeiten) keine Gestalten von derart plastischer Präsenz, wie sie in der 'Dornenkrönung' begegnen. Enger ist die Verwandtschaft mit Max Klinger - von dem nicht zuletzt auch Käthe Kollwitz ihren Ausgang genommen hat -; als Beispiel kann eine Illustration zu dem Märchen von Amor und Psyche, einer eingeschobenen Geschichte in den 'Metamorphosen' oder dem 'Goldenen Esel' des Lucius Apuleius, dienen. Zu sehen ist Psyche mit einer Lampe, wie sie des Nachts erstmals ihren Geliebten heimlich zu Gesicht bekommt und ihre ursprüngliche Absicht, den als ein Ungeheuer beargwöhnten Unbekannten zu erdolchen, fahrenläßt, um vielmehr entzückt in den Anblick Amors zu versinken (Abb. 11)[25]. Vergleichbar mit Hemmerichs Radierung ist die kraftvolle Körperbildung, die Art, in der die Binnenstrukturen etwa der Gewandfalten oder des Bettvorhangs ausgeführt sind, und schließlich wie über diese Strukturen in den Schattenpartien ein feines Liniengewebe gelegt ist. Klar zu unterscheiden ist dagegen die Figurenbildung, die bei der 'Dornenkrönung' die anatomische Korrektheit bewußt teilweise aufgibt zugunsten einer ausdrucksvollen Übersteigerung der Proportionen, der Gestik und Mimik. Gleichwohl liegen stilistisch die nächsten Parallelen abermals im späten 19. Jahrhundert, und wir sehen bei Hemmerich noch einmal ein anderes Stilidiom, eine andere künstlerische Formensprache. Der Titel der Mappe knüpft im übrigen sicher bewußt an die zwölf Holzschnitte umfassende sogenannte 'Große Passion' von Albrecht Dürer an, ohne daß darüber hinaus aber eine besondere Nähe zu diesem Vorläufer gesucht würde. Im ganzen stellt die Folge sich nicht als durchaus homogenes Werk dar. Bei allerdings etwas schwankenden Bildmaßen (20-25 x 24,5-30,5 cm) erscheint der Maßstab der Figuren, das Verhältnis der Figuren zum Raum, aber auch die physiognomische Kennzeichnung der Hauptperson, Christi, uneinheitlich. Der Vergleich zwischen der 'Salbung in Betanien' (S. 55) und 'Christus vor Pilatus' (S. 54) oder zwischen der 'Geißelung Christi' (S. 57) und der 'Verspottung' (S. 56) kann dies zeigen. Nicht in jedem Fall auch tritt Christus anschaulich als die Hauptperson bzw. die (spirituell) dominierende Gestalt in Erscheinung. Die 'Dornenkrönung', vor allem in der ersten, aber auch in der zweiten Fassung, die zu den gelungensten Blättern gehören, dürfen nichtsdestoweniger ihrerseits zu den besten Arbeiten Hemmerichs gerechnet werden und bilden überhaupt eindrucksvolle Darstellungen des neutestamentlichen Heilsgeschehens im 20. Jahrhundert.

Wenn 'Kreisleriana' und 'Große Passion' bei einigen stilistischen Unterschieden aufs ganze gesehen künstlerisch doch nicht allzu weit voneinander entfernt stehen, so findet man sich bei fortgesetzter Durchsicht von Hemmerichs Schaffen in den Jahren um den Ersten Weltkrieg nochmals erstaunt im Angesicht einer Studie zu dem nicht vollendeten Zyklus nach E.T.A. Hoffmanns Erzählung 'Prinzessin Brambilla', die 1919, also ein Jahr vor Veröffentlichung der 'Kreisleriana' und der 'Großen Passion', entstand (S. 52). Gezeigt werden in einem unbestimmten Raum sechs Gestalten, deren Körper jeweils auf geometrische Grundformen reduziert und in diese zergliedert ist. In den wenigen plastisch hervorgehobenen Partien erscheinen die Formen scharfgratig gebrochen, deutlich etwa bei der Hüfte der vordersten Gestalt. Ohne große Mühe läßt sich in dieser Zeichnung die Auseinandersetzung mit Formelementen des analytischen Kubismus oder genauer: mit Werken kurz vor dessen vollkommener Ausprägung konstatieren. Zur Verdeutlichung mag ein Gemälde Picassos, die 'Badende' aus dem Winter 1908/1909, herangezogen werden (Abb. 12)[26]. Anders als wenig später beim ausgeprägten analytischen Kubismus erscheint die Gestalt noch von einem ungebrochenen, durchlaufenden Kontur umschlossen und, auf einer Bodenzone stehend, abgesetzt vom Hintergrund; der Körper ist jedoch

---

[25] Max Klinger, Psyche mit der Lampe, 1880, Radierung u. Aquatinta, 36,4 x 27,7 cm, Amor und Psyche (Opus V), Bl. 19. Max Klinger 1857-1920, Kat. d. Ausst. Städtische Galerie im Städelschen Kunstinstitut, Frankfurt a.M., 12.2-7.6.1992 u.a., hrsg. v. Dieter Gleisberg, Leipzig 1992, Nr. 167, Abb. S. 169.
[26] Pablo Picasso, Badende, Winter 1908/1909, Öl/Lw., 130 x 97 cm, Sammlung Mrs. Bertram Smith, New York. Pablo Picasso. Retrospektive, Kat. d. Ausst. Museum of Modern Art, New York, 22.5.-16.9.1980, hrsg. v. William Rubin, München 1980, Nr. 252.

Figurenauffassung, indem nun, wie auch bei dem Triptychon schon, gedrungenere Körper mit gerundeten, weichen Gliedern auftauchen (S. 95).

Um diese Zeit, im Februar und März 1949, hat Hemmerich sich in aufschlußreichen Briefen über seine künstlerischen Ziele geäußert (S. 34f.). Zunächst konstatiert er, daß in seinem Werk "der Mensch wieder einmal der Gegenstand des Bildes wird, was er lange nicht mehr war", genauer geht es um "die transzendentale Natur des Menschen". Sein Ziel sei es, die religiöse Kunst nicht nach ihren Ausdrucksmitteln, sondern nach ihrem Gehalt zu erneuern, die unzählige Male wiederholten Stoffe neu zu beleben. "Ganz äußerlich gesehen", erklärt er, "ist in meinen Bildern das Zusammensein mehrerer Menschen unter dem Einfluss einer höheren Macht dargestellt." Die Landschaft sei dabei nicht nur "unbeteiligter Hintergrund, sondern ein mithandelndes Element, wenn nicht der Grund der Handlung überhaupt", sie sei "der 'geistige Raum'", in dem das Wunderbare überhaupt erst zur Erscheinung gelange. Die Krise des heutigen Menschen habe er "tiefer erlebt, als andere, 'moderne' Künstler", glaube aber, sie in seinen Bildern "überwunden zu haben, in denen es keine Krise mehr gibt: daher die 'klassische Lösung'". Nicht die Krise stelle er dar, sondern "die Überwindung der Krise durch die Darstellung des Herrn und ihm ähnlicher Menschen."

Die Grundtendenz von Hemmerichs religiöser Kunst, jedenfalls wie er sie 1949 selbst sah, kommt in diesen Äußerungen hinreichend klar zum Ausdruck. Auch finden wesentliche Gesichtspunkte, die wir etwa der 'Pietà' rein anschaulich abgewinnen konnten, damit eine vertiefende Bestätigung. Jenseits dieser Grundsätzlichkeiten stößt eine weitergehende Interpretation allerdings rasch an ihre Grenzen. Augenscheinlich geben die verschiedenen Fassungen der 'Pietà' nicht das historische Geschehen auf Golgota wieder, sondern erheben das Motiv über die historische Raum-Zeitlichkeit. Geht es dennoch um das einmalige, an Ort und Zeit gebundene, wenn auch über Ort und Zeit fortwirkende Erlösungsopfer des Gottessohns oder eher um ein Inbild des menschlichen Opferwillens, der Trauer und der liebenden Verbundenheit zwischen zwei Menschen über den Tod hinaus? Welche Vorstellungen verbinden sich für Hemmerich mit diesem altüberkommenen Bildthema und worin besteht der neue "Gehalt"? Wir wollen uns das Problem der Inhaltsdeutung abschließend an einem günstiger gelagerten Beispiel deutlich machen.

Um 1930 schuf Hemmerich eine großformatige in Mischtechnik ausgeführte Darstellung Christi am Ölberg (S. 97). Rechts im Vordergrund sitzen schlafend die drei Jünger Petrus, Johannes und Jakobus d.Ä.; dahinter bzw. darüber sieht man Christus, der sich nach der biblischen Überlieferung zum Gebet zurückgezogen hat, bei dem, Lukas zufolge (Lk. 22, 43), ein Engel zu ihm tritt und den angesichts der bevorstehenden Passion Verzagenden stärkt. Traditionell markiert das Gebet am Ölberg den Auftakt der Passion im engeren Verständnis; zumal in der (spät-)mittelalterlichen Frömmigkeit erinnerte der Gläubige sich daran, daß Christus bei dieser Gelegenheit mit dem in Todesangst hervorbrechenden blutigen Schweiß zum zweiten Mal, nach der Beschneidung, sein Blut für ihn vergossen hat. Welche Gründe Hemmerich veranlaßt haben könnten, dieses Thema aufzugreifen, läßt sich ohne weiteres kaum sagen; genaueren Aufschluß aber gibt in diesem Fall dessen 1936 veröffentlichte Schrift 'Das ist der Mensch'. Der erste Teil, 'Wirklichkeit und Überlieferung', die erweiterte und etwas umgearbeitete Fassung eines gleichlautenden Aufsatzes von 1930[29], erörtert mit der Frage nach dem sittlich handelnden Menschen auch das Verhältnis zwischen der geschichtlichen Wirklichkeit und deren Überlieferung in der Geschichtsschreibung unter anderem am Beispiel der Evangelien. Wie andere Geschichtswerke haben für Hemmerich auch die Evangelien das wirkliche Geschehen nur in veränderter Form übermittelt: "Der Christus der Evangelien stellt sich uns als ein Wundertäter dar; halbgöttliche und übermenschliche Züge sind in ihm vermischt, hellenistische Mysterien und jüdische Prophetie haben an ihm gebildet. Christus erscheint uns weder ganz als Mensch noch ganz als Gott, da den Überlieferern nur Bilder zur

---

[29] Karl Georg Hemmerich, Wirklichkeit und Überlieferung, in: ders., Wirklichkeit und Überlieferung. Vier Aufsätze, Berlin 1930, S. 9-24.

Verfügung standen, welche sie seelisch nicht zu deuten wußten. Die menschlich sittliche Deutung des Lebens Christi ist uns vielleicht erst heute möglich, da ein neues Bild des Menschen auftaucht. Am Christus der Evangelien fühlen wir, daß seine völlige Lebensverneinung unerträglich gewesen sein muß; sein Todeswille, als unerhörter Widerspruch zum beherrschenden Lebenswillen, mußte durch eine Geschichte, als einer Folge von Ereignissen, erklärt und verklärt werden zu einem Lebenswillen über den Tod hinaus. Die eigentliche sittliche Wirkung, die Christus hätte haben können, trat also noch nicht ein: nämlich Lebensverneinung ohne Verzweiflung am 'Sinn' des Lebens."[30]

Hemmerich geht es um den sittlich handelnden Menschen, das heißt um ein "absolut-notwendiges Handeln"[31], in dem für ihn die Größe und Würde des Menschen gründet. Dieses Handeln, das den Menschen erst eigentlich frei mache, müsse über dem Lebenswillen stehen und insofern, aber auch nur insofern, lebensverneinend sein; diese Lebensverneinung bedeutet folglich kein Zweifeln am Sinn des Lebens, da dessen Sinn ja gerade im sittlich-notwendigen Handeln beschlossen liegt. Zwar haben die Evangelien für Hemmerich die Überlieferung des Lebens Jesu verfälscht durch die Verklärung einer völligen Lebensverneinung zu "einem Lebenswillen über den Tod hinaus"; dennoch sei hier ein "neues Denken und Fühlen"[32] vorbereitet durch das Handeln Christi, der die vor jede sittliche Entscheidung gesetzte Furcht überwunden habe. "Christus, der Mensch-Gott, hat an Stelle des Menschen die Entscheidung auf sich genommen und den 'Tod' überwunden. Das Wunder aber ist nicht die spätere Auferstehung, welche nur ein Bild ist, sondern die Stunde der Überwindung auf dem Ölberg: hier erst wird Christus ganz Mensch durch seinen Verzicht auf die Hilfe von oben. Der Ölberge ist der dichterische Gipfel des christlichen Mysteriums."[33]

Hemmerichs Gemälde von 'Christus am Ölberg', das etwa in derselben Zeit entsteht, in der diese Überlegungen niedergeschrieben werden, dürfte im Lichte solcher Anschauungen zu begreifen sein. "Das Christentum", heißt es an späterer Stelle, sei "eine neue Bewegung der menschlichen Seele" gewesen. "Daß ein Gott sich seiner Macht begibt, um als Mensch zu sterben, diese Frei-Willigkeit war eine neue Sittlichkeit, weit über dem zwangsläufigen Ethos der Antike (...)." Mit Christi Opfertod als Sieg über den Tod als Ende sei ein neuer "Gehalt" des Lebens aufgetaucht: "die Selbstbefreiung der menschlichen Seele von der leidenschaftlichen Lebensbejahung!"[34] Vor dem Hintergrund des oben zitierten Briefes, in dem Hemmerich davon spricht, den überlieferten religiösen Themen einen neuen "Gehalt" geben zu wollen, auch darauf hinweist, daß er "die Krise des heutigen Menschen" überwunden habe und deren Überwindung veranschauliche durch "die Darstellung des Herrn und ihm ähnlicher Menschen" (S. 35), vor diesem Hintergrund glaubt man, die Ölberg-Szene und die damit verbundenen Ziele des Künstlers in etwa zu erahnen. Vor Augen steht danach, so könnte man vielleicht sagen, Christus in der Stunde seiner Überwindung einer leidenschaftlichen Lebensbejahung und damit des 'Todes' durch die freie Entscheidung für ein sittlich-notwendiges Handeln. Und dies geschieht zur Befreiung des Menschen zu gleicher freier Sittlichkeit. Hemmerichs Schrift entsprechend wäre damit das Bild durchaus kein ausschließlich religiöses Werk, sondern zugleich die hochpolitische Stellungnahme eines Mannes, der bereits 1928 mit seiner halbjüdischen Frau und einer Tochter in die Schweiz emigriert war (S. 6) und der mit wacher und tätiger Sorge die politische Entwicklung in Deutschland verfolgte. Treffen die vorstehenden Überlegungen annähernd das Richtige, so wird klar, mit welcher gedanklichen Tiefe auch bei den zuvor besprochenen Werken, namentlich bei der wiederholt dargestellten 'Pietà', zu rechnen ist. Für den Theologen könnte sich im übrigen die Frage stellen, welche Auffassung oder Facette des Christentums und vor allem welches Verständnis Christi in den Werken Hemmerichs,

---

[30] Karl Georg Hemmerich, Das ist der Mensch, Badenweiler, Leipzig 1936, S. 16.

[31] Ebd., S. 9.

[32] Ebd., S. 16.

[33] Ebd., S. 17.

[34] Ebd., S. 31.

13

Abb. 2

Abb. 3

Abb. 6

Abb. 7

Esto es peor

Abb. 10

Abb. 11

ALEXANDER M DARIVM VICIT SVPERAT
CÆSIS IN ACIE PERSAR PEDIT CM EQVIT
VERO XM INTERFECTIS MATRE QVOQVE
CONIVGE LIBERISQ DARII REGIONVM HAVD
AMPLIVS EQVITIB FVGA DILAPSI CAPTIS

Abb. 14

Abb. 13

Abb. 12

Siempre sucede

Abb. 9

Ni asi la distingue

Abb. 8

Abb. 5

München, 9. April 1933   Preis 60 Pfennig   38. Jahrgang Nr. 2

SIMPLICISSIMUS

SÄUBERUNG DES DEUTSCHEN BODENS

„Raus mit diesen faulen roten Rüben, die verpesten mir den ganzen Acker!"

Abb. 4

Abb. 1

der sich als gläubiger Katholik bekannte[35], seinen künstlerischen Ausdruck findet.

Bei aller Originalität im einzelnen und bei aller Sicherheit in den inhaltlichen Zielen scheint nun aber Hemmerich formal-stilistisch auch nach 1923 zuletzt ein Suchender geblieben zu sein. Auch innerhalb des geschlossenen religiösen Themenkreises - wie die Ausstellung und der Begleitband ihn präsentieren -, ja sogar bei ein und demselben Motiv - der 'Pietà' (S. 88f. und 94f.), der 'Auferstehung' (S. 80-83) u.a. - ist ein durchaus einheitlicher bzw. konsequent sich weiterentwickelnder Stil, wie es scheint, nicht zu erkennen. Nach wie vor verfügt der Künstler über unterschiedliche Stilidiome, und die Bezugspunkte reichen von der Kunst der italienischen Renaissance (etwa S. 80 und 98) bis hin zur Neuen Sachlichkeit (S. 87). Nur bedingt auch erreichen meines Erachtens die späteren religiösen Gemälde die Qualität der früheren Werke, und vielleicht sind die großartigsten Schöpfungen tatsächlich diejenigen, die vor 30 Jahren schon unter Beifall ihren Weg an die Öffentlichkeit gefunden haben: die Radierungen namentlich der 'Kreisleriana', denen die 'Große Passion' an die Seite zu stellen ist. Mit diesen Arbeiten muß Karl Georg Hemmerich den Vergleich auch mit den großen Namen in der Kunst des 20. Jahrhunderts nicht scheuen. Den Meister dieser Werke erstmals deutlich ins Licht gestellt zu haben, wird das bleibende Verdienst dieser Ausstellung und des sie flankierenden Buches sein.

---

[35] Z.B. ebd., S. 10.

14

Inspiration kommt hier die 'kosmische' Landschaft in Albrecht Altdorfers 'Alexanderschlacht' in der Alten Pinakothek in München in Betracht (Abb. 14)[28]; wie andere Künstler seiner Zeit scheint auch Hemmerich in diesem Fall die altdeutsche Malerei studiert zu haben. Ungewöhnlich ist bei einer 'Hirtenanbetung' das Fehlen der Himmelsboten; kein Engel ist zu sehen. Statt dessen soll für das Wunderbare offenkundig die phantastische, von Licht übergossene Landschaft einstehen; sie erscheint als der Ausgang und Resonanzraum für das Erstaunen, die Ergriffenheit und das Gebet der Hirten.

Eine vergleichbare Landschaft ist rund zehn Jahre später der Ort für eine großformatige 'Pietà' (S. 89), die uns nun am Original Hemmerichs neue künstlerische Form seit den zwanziger Jahren vor Augen bringt. Bis zur halben Bildhöhe steigen in detailgenauer Schilderung spitze, scharfgratige Felsformationen auf, die teilweise von Moos- und Wiesenflächen überzogen sind. Dunkle Wolkenschichten, durch die gelbrötliches Licht sickert, und rechts, über dem höchsten Gipfel, die Sichel des zunehmenden Mondes hängen schwer über dem in Aufsicht gegebenen Gebirge. Eingefügt in diese Landschaft - nicht vor oder über ihr, wie namentlich die über die Felszacken hinfließenden Gewänder bezeugen - sind die riesenhafte Gestalt eines nur von einem weißen Tuch teilweise bedeckten Mannes und eine weibliche Figur in grünem Kleid und mit langem roten Haar. Halb kniend stützt die Frau anscheinend mit ihrem rechten Bein den leblos-starren Körper des Mannes, während sie mit geschlossenen Augen sich über ihn beugt und mit den Händen zärtlich seinen Kopf hält. Vor dem Hintergrund einer jahrhundertealten ikonographischen Tradition ist diese Konfiguration auf Maria und ihren toten Sohn zum Zeitpunkt nach der Kreuzabnahme zu beziehen. Allerdings ist das lange offene Haar vollkommen ungewöhnlich für die Mutter Jesu, wohingegen es traditionell Maria Magdalena kennzeichnet. Eine Identifizierung der bekehrten Sünderin an dieser Stelle müßte aber doch wohl durch stärkere Indizien begründet werden als allein durch diese Einzelheit, und da in anderen Fassungen desselben Themas eindeutig Maria gemeint ist, wird sie auch hier - in unüblicher Form - dargestellt sein. Deutlich ist in jedem Fall die enge Verbundenheit der Trauernden mit dem Toten; beide aber werden in einem eklatanten, alle Wirklichkeitsschilderung hinter sich lassenden Bruch des Maßstabs als kolossale Gestalten von der weiträumigen Landschaft umfangen. Auf der Höhe des Gebirges ragen sie weit in den Himmel hinein, umflossen von dem zwischen den Wolken hindurchdringenden Licht. Anschaulich erhält das Geschehen damit eine kosmische, buchstäblich überweltliche bzw. geistige Qualität; die weitgehend naturalistisch gemalte, aber doch nur bedingt realistisch zu nennende Landschaft erscheint wie bei der 'Hirtenverkündigung' als Resonanzraum für die Trauergruppe, deren Leid und Schmerz in den scharfen Felszacken und dem düster bewölkten Himmel sich spiegeln, während die Lichtemanationen zu Häupten der beiden eine tröstliche Antwort darauf zu geben scheinen. Erkennbar besitzt diese Landschaft bzw. der Umraum dieser Figurengruppe eine sinnbildliche Bedeutung und bezeichnet gleichsam einen metaphysischen Raum, in dem der Ausdrucksgehalt der Figuren verstanden werden soll. (Daß neben den genannten künstlerischen Anknüpfungspunkten eine Gestalt wie diejenige der trauernden Frau nicht ohne die ähnlich stilisierten Protagonisten aus Picassos 'Rosa Periode', 1904 bis 1906, zu denken ist, sei nur am Rande vermerkt.)

Mehrfach hat Hemmerich das Motiv der 'Pietà', ja im wesentlichen sogar dieselbe Komposition wiederaufgegriffen. Um 1935 ist eine vergleichbare Landschaft über die Mitteltafel und die Innenseiten der Flügel eines Triptychons ausgebreitet, den Himmel bezeichnet dagegen in traditionell-sprechender Symbolik ein Goldgrund. Die Trauernde ist aufgrund ihrer Kopfbedeckung diesmal unzweifelhaft die Muttergottes, auf den Flügeln kniet jeweils ein Engel (S. 85). Um 1950 begegnet dasselbe Motiv erneut auf einem Tafelbild; Landschaft und Hintergrund entsprechen weitgehend dem Bild um 1932, etwas verändert ist die Konfiguration der 'Pietà', ebenso die

---

[28] Albrecht Altdorfer, Alexanderschlacht, 1529, Lindenholz, 158,4 x 120,3 cm (allseitig beschnitten), Alte Pinakothek, Bayerische Staatsgemäldesammlungen, München. Franz Winzinger, Albrecht Altdorfer. Die Gemälde. Tafelbilder, Miniaturen, Wandbilder, Bildhauerarbeiten, Werkstatt und Umkreis. Gesamtausgabe, München, Zürich 1975, Nr. 50.

bereits in hohem Grade auf geometrische Formen zurückgeführt, die plastisch modelliert und teils scharfkantig gegeneinander abgegrenzt sind.

Hemmerichs Aufnahme derartiger stilistischer Elemente - die sich unterscheiden selbst von der beschriebenen 'Kreuzigung' (S. 78) und ihrer durch Franz Marc vermittelten Verarbeitung des Kubismus -, und zwar für eine Arbeit, die nicht anders als die Radierungen der 'Kreisleriana'-Mappe auf die Verbildlichung einer Dichtung von E.T.A. Hoffmann zielt, wird kaum anders zu verstehen sein, als daß der Künstler auch nach dem Ersten Weltkrieg für sich nicht glauben konnte, einen eigenen Stil gefunden zu haben. So eindrucksvoll die 'Kreisleriana'-Blätter oder die Bilder der 'Großen Passion' erscheinen, so stimmig und gekonnt jeweils für sich auch die übrigen hier betrachteten Werke anmuten mögen, sie waren für Hemmerich offenbar doch immer nur Möglichkeiten einer künstlerischen Form, die sich ihm nicht mit 'innerer Notwendigkeit' aufdrängte oder konsequent sich entwickeln ließ. Zwei Brustbilder des Jahres 1923, jeweils in demselben Format von 58 x 48 cm, machen die Situation, wie es scheint, schlaglichtartig klar (S. 100). Das eine Bild zeigt einen Mann in expressionistischer Stilisierung, flächenhaft, in kräftigen Farben, vor einem gelben Fond; das andere stellt eine Frau dar, in etwa vergleichbar mit Picassos Werken seiner klassizistischen Periode um 1917 bis 1925, ihrerseits in klassizistisch-stilisierter Schönlinigkeit, plastisch, in kühlen gebrochenen Farben, vor einem grauvioletten Hintergrund. Kaum gegensätzlicher könnten die beiden Gemälde sein, und kaum würden sie ohne äußeren Hinweis ein und demselben Maler zur gleichen Zeit zugeschrieben werden. Im übrigen unterscheiden sich beide Bilder abermals von allem, was wir zuvor an Werken Hemmerichs gesehen haben.

Im Jahre 1963 erinnert der Künstler sich in einem Brief an "die Zerstörung oder Übermalung großer religiöser Bilder der expressionistischen Zeit, die 1923 mit einer scheinbar ausweglosen Krise abschloss" (S. 32). Man wird annehmen dürfen, daß diese Krise in einer zweifelnden Unentschiedenheit über den weiteren künstlerischen Weg bestand. Bei vielfältigen stilistischen Möglichkeiten, die er in dem vergangenen Jahrzehnt praktisch erprobt hatte und in denen er sich offenkundig jeweils vollkommen zurechtfand, bedeutete für Hemmerich augenscheinlich doch keine davon eine zwingende bzw. ausschließliche Notwendigkeit. Tatsächlich sind die Werke seit 1913, von denen die Rede war, nicht eigentlich in eine Entwicklungslinie zu bringen. Eher stehen sie gleichsam im Kreis, in dessen Mittelpunkt der Künstler Vorstöße nach verschiedenen Richtungen unternimmt auf der Suche nach dem eigenen, unverwechselbaren künstlerischen Stil.

Deutlicher stand Hemmerich dagegen, so scheint es (ohne Vorbehalte ist zu diesem Zeitpunkt nicht zu sprechen), der eigene Themenkreis vor Augen. Von religiösen Bildern ist in dem Brief zu hören, und religiöse Themen dominierten auch in den von uns betrachteten graphischen und gemalten Werken vor 1923. In Verfolgung weiterhin dieser inhaltlichen Zielsetzung entschied Hemmerich sich für eine unbedingt gegenständliche Kunst und für ein Stilidiom, das mit der Neuen Sachlichkeit bzw. dem Verismus eines Otto Dix und dem ins Surreale gehenden Phantastischen Realismus eines Franz Radziwill sich berührt, auch andere Bezugspunkte kennt, ohne doch ganz in einer dieser Stilrichtungen aufzugehen. Eine Fotographie, die den "letzten Zustand 1923" einer zerstörten 'Verkündigung an die Hirten' überliefert (S. 32), bildet zugleich das oder eines der ersten Zeugnisse für den nun eingeschlagenen Weg. Im nächsten Vordergrund drängen sich etwa auf Augenhöhe des Betrachters sechs Hirten, die in fester, kompakter Körperlichkeit, mit schweren Händen und durchgearbeiteten Gesichtern dargestellt sind. Ein Bild von Otto Dix, wie 'Mutter und Kind' von 1923 (Abb. 13)[27], zeigt im Prinzip eine verwandte Figurenauffassung. Hinter den Hirten erstreckt sich indes in Aufsicht, aus der Vogelperspektive und das heißt in einem perspektivischen Bruch gegenüber den Hirten, eine bis zum oberen Bildrand aufsteigende Gebirgslandschaft mit bizarren Formationen und in phantastischer Beleuchtung. Als nächste Parallele und Quelle der

---

[27] Otto Dix, Mutter und Kind, 1923, Öl/ Sperrholz, 82,5 x 48 cm, sign. u. dat. u.re.: Dix 23, keine Besitzangaben. Fritz Löffler, Otto Dix 1891-1969. Oeuvre der Gemälde, Recklinghausen 1981, 1923/4.

10

wiederum durch parallele Linien markiert sind, Linien, die hier sozusagen stromlinienförmig vor allem die rasche Bewegung der Reiter bezeichnen. Vergleicht man diese Ökonomie der Mittel und deren eminente Wirkung und im Detail etwa die Gestaltung des gestürzten Pferdes, die Verteilung der Schraffuren und unbezeichneten Partien, so werden die Voraussetzungen für Hemmerichs Blatt erkennbar. Übrigens auch die Modellierung eines nackten Körpers durch Punktierungen, beispielsweise beim siebenten Blatt (S. 46), stammt von Goya her, wie aus Blatt 37 der 'Desastres', 'Esto es peor' ('Dies ist schlimmer'), erhellt (Abb. 10)[20].

So evident die Anleihen bei dem großen Spanier erscheinen (die im einzelnen noch genauer beschrieben werden könnten, namentlich was die Verwendung des 'passiven' Kontars betrifft, der nicht durch aktiv gezogene Umrißlinien gebildet wird, sondern durch die Grenze von Schraffuren entsteht), Hemmerichs Illustrationen zu E.T.A. Hoffmann sind deshalb doch alles andere als ein unselbständiges oder epigonales Werk, vielmehr gehören sie zum Besten und Originellsten, was er geschaffen hat. Vollkommen fügen sich die adaptierten Bildmittel in den Zweck, Hoffmanns skurril-phantastischen Schilderungen bildliche Gestalt zu verleihen. Auffällig und kennzeichnend ist dabei, daß mit "Kreislers musikalisch-poetischem Clubb" gerade keine Handlungsmotive aufgegriffen werden, sondern - was weit schwieriger zu illustrieren ist - Beschreibungen und Reflexionen, die an die Wirkung der Musik bzw. an bestimmte Akkorde sich knüpfen. Hemmerichs eigene musikalische Begabung - er spielte mehrere Instrumente, komponierte und schrieb über Themen der Musik (S. 72) - mag sich hier geltend machen.

Zu den eindrucksvollsten Blättern gehört sicher das vierte, der 'C dur-Akkord (Fortissimo). Wie Kreisler seinen Doppelgänger tanzen lehrte' (S. 43). Bei Hoffmann liest man über den "Cdur Terz-Akkord (fortissimo)", der dazu die Anregung bot: "Aber in toller wilder Lust laßt uns über den offnen Gräbern tanzen. - Laßt uns jauchzen - die da unten hören es nicht. - Heisa - Heisa - Tanz und Jubel, der Teufel zieht ein mit Pauken und Trompeten!"[21] Links am Flügel sitzt Kreisler, ohne auf die Tasten hinzublicken, vielmehr wendet er sich zur einer zweiten Gestalt - dem im Titel genannten Doppelgänger -, der im grellen Lichtkegel tanzend herzutritt. Das hoch angewinkelte Bein, die erhobenen Arme und gespreizten Finger, auch der Blick senkrecht gen Himmel und zumal die Beleuchtung schräg von unten, die ein vergrößertes Schattenbild hinter dem Tänzer an die Wand wirft, geben der Gestalt ein groteskes, irres, aber auch leicht unheimliches Ansehen, das dem Text, dem Tanz über "offnen Gräbern" in "wilder Lust" wie dem Hinweis auf den einziehenden "Teufel" kongenial entspricht. Die physiognomische Ähnlichkeit des Tänzers mit Kreisler und seine Kennzeichnung als dessen Doppelgänger sind allein Hemmerichs Interpretation - bei Hoffmann ist keine Rede von einem Doppelgänger -, sie macht deutlich, was Kreisler beim "Cdur Terz-Akkord" in den Sinn und vor das innere Auge kommt. Der Tänzer, seine und auch Kreislers karikierende Stilisierung und Übersteigerung haben nun auch, unbeschadet der von Goya übernommenen Strichführung, mit diesem Vorbild nichts mehr zu tun. Hemmerich gelangt hier, auf den Schultern Goyas, zu einer homogenen, in sich vollkommen überzeugenden eigenständigen Verbildlichung von E.T.A. Hoffmanns tollen 'Kreisleriana'-Visionen. Nur am Rande sei das Augenmerk auch auf die packende Komposition gelenkt, auf die spannungsvolle Kontrastierung von Schatten und Licht in der Bodenzone mit einer großen gebogenen Diagonalen, die beide Protagonisten formal miteinander in Beziehung setzt. Für eine genauere Besprechung der 'Kreisleriana'-Mappe fehlt hier die Zeit, doch sie wäre es, die vor allem eine eingehende Untersuchung verdiente.[22]

Kaum hinter diesem Werk zurück bleibt allerdings noch ein zweiter Zyklus von Radierungen, den die Ausstellung vor Augen bringt, die neun Blätter umfassende 'Große Passion', die vom Künstler selbst 1920 gedruckt wurde (S. 53). Eine solche Bildfolge wird bei Hemmerich nach den oben

---

[20] Francisco de Goya, Esto es peor, Radierung, lavis u. Kaltnadel, 15,7 x 20,8 cm, Los desastres de la guerra, Bl. 37. Pérez Sánchez u. Gállego (wie Anm. 17), S. 115.

[21] Hoffmann (wie Anm. 13), S. 373f.

[22] Riemers (wie Anm. 1) knappe Erläuterungen bieten nicht mehr als einige einführende Hinweise.

noch durch Umrißlinien angelegt, während die drei Gestalten großenteils durch Konturen umgrenzt werden, im übrigen aber ihrerseits fast ausschließlich parallele Schraffen aufweisen; diese allerdings folgen den Rundungen des Körpers - deutlich bei den Armen und Beinen - und heben sich damit von den horizontalen Strichlagen des Bodens, des Hintergrunds und des Flügels ab. Auch sind die Männer durch ein von rechts einfallendes Licht teilweise beleuchtet, das scharfe Helldunkel-Kontraste ohne Übergang schafft. Nicht eigentlich in einem 'a priori' vorhandenen Raum, sondern eher vor einem flächenhaften, nahezu abstrakten Fond aus parallelen Strichlagen sind damit, vergleichsweise körperlicher, doch in strömende Linienflüsse eingesponnen, die Protagonisten plaziert; alle Aufmerksamkeit konzentriert sich auf sie, die den Raum in hohem Grade erst durch ihre (begrenzte) Körperlichkeit und ihr Handeln definieren.

Diese stilistischen Mittel gehen nun weitestgehend auf Goya zurück, wie etwa ein Blatt aus den 'Caprichos' (veröffentlicht 1799), 'Ni asi la distingue' ('Auch so erkennt er sie nicht', Bl. 7), deutlich machen kann (Abb. 8)[17]. Nur angedeutet ist auch hier der Bildraum, ausschließlich horizontale Parallelschraffuren - unter Aussparung einzelner hellerer Partien - bilden den Boden und den Hintergrund, ebenso den Stuhl, auf dem die Frau rechts sitzt (der ohne Umrißlinie auskommt); die Gestalten im Vordergrund hingegen, namentlich der zum Vergleich sich anbietende Mann, sind überwiegend durch Konturen umrissen, während die Glieder genau wie bei Hemmerich durch modellierende parallele Linienbündel mit scharfen Helldunkel-Kontrasten strukturiert sind. Bis in Details hinein läßt Goyas Vorbild sich verfolgen, etwa in den von der Schulterkontur parallel zur Kontur des Gesichts geführten Schraffen bei der rechts von Kreisler stehenden Gestalt und den entsprechend angelegten Linienzügen bei Goyas männlicher Hauptperson. Die Konzentration auf das Hauptmotiv - die handelnden Personen -, die strömenden, in höchstem Grade spannungsvollen, gleichsam elektrisierten Parallelismen der Schraffuren - das heißt die Verwendung kaum von Kreuzschraffuren - und der damit erreichte vielfach visionär oder surreal anmutende Charakter der Szenerien waren von Goya zu lernen und boten die denkbar besten künstlerischen Mittel für Illustrationen zu E.T.A. Hoffmann.

Nehmen wir ein weiteres Blatt. Über "Esdur (forte)" heißt es bei Hoffmann: "Zieh ihm nach! - zieh ihm nach! - Grün ist sein Kleid wie der dunkle Wald - süßer Hörnerklang sein sehnend Wort! - Hörst du es rauschen hinter den Büschen? - hörst du es tönen! - Hörnerton voll Lust und Wehmut! - Er ist's - auf ihm entgegen!"[18] Hemmerich verbildlicht diese Sätze durch die zweifache Wiedergabe von Kreisler (S. 44); an zwei Seiten eines Tisches sitzend, erscheint er links ruhig mit geschlossenen Augen, ein Glas in der Hand, sich umwendend anscheinend zu dem sehnsuchtsvoll-süßen Hörnerklang, rechts lauschend vorgebeugt, in gespannter Haltung, vielleicht kurz davor, aufzuspringen und den Tönen entgegenzueilen. Aufs sparsamste ist diese Szene gestaltet. Kein Raum findet sich dargestellt, und neben dem nur mit ein paar Strichen angedeuteten Tisch sieht man lediglich zweimal die Gestalt Kreislers; jeweils ist diese, von einigen Konturlinien abgesehen, fast rein durch Parallelschraffuren angelegt, die im rechten Winkel zu den Körperkonturen kaum modellierende Qualität besitzen und nur durch die Kontrastierung mit unbezeichneten, lichthellen Partien eine gewisse Körperlichkeit hervorbringen. Die Beziehung zu Goya bei diesem Blatt bezeugt eine Radierung aus den 'Desastres de la guerra' (1810-1820/1823), 'Siempre sucede' ('Es passiert immer', Bl. 8), das im Vordergrund einen gestürzten französischen Kürassier zeigt (Abb. 9)[19]. Eine abfallende Hügellinie links und eine leicht ansteigende rechts, verbunden mit einigen Schraffuren, sind der einzige Hinweis auf den Schauplatz; im übrigen erkennt man hinter dem Gestürzten nur noch einige weitere Reiter bzw. Pferde, die durch wenige skizzenhafte Striche und

---

[17] Francisco de Goya, Ni asi la distingue, Radierung, Aquatinta u. Kaltnadel, 20 x 15 cm, Caprichos, Bl. 7. Alfonso E. Pérez Sánchez u. Julián Gállego, Goya. Das druckgraphische Werk, München, New York 1995, S. 37.

[18] Hoffmann (wie Anm. 13), S. 373.

[19] Francisco de Goya, Siempre sucede, Radierung u. Kaltnadel, 17,8 x 21,9 cm, Los desastres de la guerra, Bl. 8. Pérez Sánchez u. Gállego (wie Anm. 17), S. 96.

Unentrinnbarkeit des Geschehens faßlich zu machen. Das Blatt mag inhaltlich und formal-stilistisch an Alfred Kubins bekannte Darstellung des Krieges, weniger an die 1901/1902 geschaffene Lithographie, Blatt 9 der 'Weber-Mappe', als an die Federzeichnung von 1907 erinnern (Abb. 2)[6]. Doch Hemmerichs Darstellung in ihrer Betonung der Umrißlinie, in der etwas ornamentalen, eleganten Schönlinigkeit des Konturs und den sparsamen, die Binnenform strukturierenden Schraffuren, die nur bedingt Körperlichkeit evozieren, erinnert weitaus stärker an einen Zeichner der in München erscheinenden satirischen Zeitschrift 'Simplicissimus', nämlich an Olaf Gulbransson. Dessen Karikatur auf die russische Geheimpolizei von 1909, die ihrerseits als Allegorie sich des Gegensatzes von Groß und Klein bedient, zeigt ein riesenhaftes, von der kleineren Gestalt des Zaren dirigiertes spinnenartiges Wesen, das mit seinen Beinen in eine unübersehbare, panisch auseinanderstiebende Menschenmenge hineingreift (Abb. 3)[7]. Vergleichbar mit Hemmerichs Blatt ist die Konzentration hier fast ganz auf eine elegant durchlaufende, große Konturlinie. Aber die Art, wie Gulbransson bei anderer Gelegenheit eine kritzelnde Schraffur einsetzt (Abb. 4)[8], bezeugt auch in dieser Hinsicht eine große Nähe zu unserer Radierung, so daß Hemmerich, wenn nicht eine unmittelbare stilistische Beziehung vorliegt, doch künstlerisch hier in enger Parallele zu dem 'Simplicissimus'-Zeichner steht.

Wiederum anders verhält es sich mit einem Holzschnitt aus demselben Kriegsjahr 1914 (S. 24). Auf einer vom unteren Bildrand hügelartig aufsteigenden Bodenzone ragt schräg nach rechts ein sich verzweigender Baumstamm auf - bei dem, da er aus dem Bild läuft, nicht mit Sicherheit zu entscheiden ist, ob es sich um den Stamm eines eingewurzelten Baumes oder um ein aufgerichtetes Kreuz handelt -; ein mit Stricken daran festgebundener nackter Mann wird links von vier ebenfalls nackten, am Hang des Hügels knienden Männern mit Pfeilen durchbohrt, ein fünfter steht steif mit abgestreckter linker Hand und angewinkelter rechter abseits daneben. Die motivische Konstellation läßt ohne weiteres an das Martyrium des hl. Sebastian denken, doch gilt ähnliches wie bei der 'Kreuzigung': ein traditionelles christliches Bildthema wird erkennbar aufgegriffen, aber aller örtlichen und zeitlichen Bezüge, das heißt aller Historizität, entkleidet, so daß ein gleichsam überzeitliches Leidensmotiv, sozusagen eine Pathosformel, daraus hervorgeht, die auch in diesem Fall sicher auf das Kriegsgeschehen zu beziehen ist. Formal entwickelt der Holzschnitt für die sechs gelängten, bei sparsamster Binnengliederung jedoch anatomisch durchgestalteten und geschmeidig-bewegten Figuren einen in stärkste Dynamik vesetzten Bildraum. Wie der zugleich aufsteigende und in die Fläche gekehrte Hügel von kräftigen, parallel geführten Linien und Linienbündeln durchzogen wird, die im Bogen bzw. mit einer scharfen Brechung vom unteren Bildrand gleichsam aufschießen, so auch der Himmel; flutende, steigende und fallende Linienbündel überziehen die obere Bildhälfte und lassen an Lichtfontänen, an Kometenfall und Explosionen denken. Ein gegenständlich nicht genauer faßbarer, geradezu kosmischer Aufruhr scheint im Gange und bildet den Fond für das Martyrium des gefesselten Menschen auf dem Scheitel des Hügels, gegen den auch die Lichtfontänen gerichtet sind. Hemmerich bietet damit eine weitere bildkünstlerische Stellungnahme im Angesicht des Ersten Weltkriegs.

Künstlerisch bezieht der Holzschnitt sich gleichermaßen auf die Bildmittel des Expressionismus wie des Jugendstils. Ein Vergleich mit Ludwig Meidners Bleistiftzeichnung 'Südwestkorso, Berlin,

---

[6] Alfred Kubin, Der Krieg, 1907, Tuschfeder, 30,1 x 34,2 cm, sign. o.re.: AKubin, Städtische Galerie im Lenbachhaus, München. Alfred Kubin 1877-1959, Kat. d. Ausst. Städtische Galerie im Lenbachhaus, München, 3.10.-2.12.1990 u.a., hrsg. v. Annegret Hoberg, München 1990, Nr. 107.

[7] Olaf Gulbransson, Russische Geheimpolizei, in: Simplicissimus, Jg. 14, Nr. 24, 1909, S. 385 (Titelseite). Simplicissimus. Eine satirische Zeitschrift München 1896-1944, Kat. d. Ausst. Haus der Kunst, München, 19.11.1977-12.2.1978 u.a., bearb. v. Carla Schulz-Hoffmann, München 1977, Nr. 214.

[8] Olaf Gulbransson, Säuberung des deutschen Bodens, in: Simplicissimus, Jg. 38, Nr. 2, 1933, S. 13 (Titelseite). Simplicissimus (wie Anm. 7), Nr. 307. Der über die Jahrzehnte gleichbleibende Stil Gulbranssons mag es rechtfertigen, dieses spätere Blatt exemplarisch heranzuziehen.

3

auf die ikonographische Tradition der 'Kreuzigung Christi'. Nicht die historische Kreuzigung auf Golgota ist jedoch offensichtlich in erster Linie vor Augen gebracht, sondern ein Gequälter, Leidender an und für sich. Die Gestalt des Gekreuzigten erscheint mit übersteigerten, extrem gelängten und von kantigen Graten durchzogenen Gliedmaßen vor einem ungegenständlichen Hintergrund aus überwiegend zackigen, buntfarbenen, einander überschneidenden und durchdringenden Formen. Diese bezeichnen keine Örtlichkeit, sondern unterstreichen anschaulich durch ihre scharfe Spitzigkeit, ihren aggressiv anmutenden Charakter das zentrale Motiv des qualvollen Leidens. Dargestellt ist mithin - im Spiegel des gekreuzigten Heilands auf Golgota -, über Ort und Zeit erhoben, nicht ein, sondern der leidende Mensch als solcher. Der Zeitpunkt der Entstehung von Hemmerichs Gemälde läßt im übrigen kaum einen Zweifel, daß im Bild dieses Gekreuzigten das Leid des Menschen im Ersten Weltkrieg zum Ausdruck gebracht werden soll.

Künstlerisch steht Hemmerich mit diesem Bild im Kreis der Avantgarde, genauer: im Umkreis der Münchner Künstlergruppe des 'Blauen Reiters'. Der in München 1892 geborene und hier, nach einer abgebrochenen Banklehre, die Kunstakademie besuchende Hemmerich muß mit dieser Künstlergruppe und deren Ausstellungen in Berührung gekommen sein. Ja ein Erinnerungsblatt, das "dem Andenken unseres Franz Marc" nach dessen Tod vor Verdun 1916 gewidmet ist (S. 12), deutet darauf hin, daß er mit diesem neben Wassily Kandinsky führenden Kopf und der neben Kandinsky stärksten Begabung des 'Blauen Reiters' in ein persönliches, vielleicht gar freundschaftliches Verhältnis getreten war. In jedem Fall bezieht sich die 'Kreuzigung', nicht inhaltlich, aber stilistisch, unmittelbar auf die Kunst von Franz Marc, wie aus einem Vergleich etwa mit dessen Gemälde 'Reh im Klostergarten' von 1912 erhellt (Abb. 1)[5]. Fußend auf den Errungenschaften des von Pablo Picasso und Georges Braque entwickelten analytischen Kubismus und dem Orphismus des Robert Delaunay führt Franz Marc seinen Bildgegenstand auf scharfkantig gebrochene, einander überlagernde und durchdringende geometrische Grundformen in leuchtender Buntfarbigkeit zurück. Vegetabile und architektonische Elemente sind farblich und formal tendenziell differenziert, vor allem deutlich erkennbar erscheint jedoch im Zentrum das im Bildtitel genannte Reh. Vergleichbar sind die Bilder von Hemmerich und Franz Marc jeweils in ihrem Abstraktionsgrad, in der Zersplitterung und Zurückführung des Gegenständlichen auf geometrische Grundformen, in ihrer Farbigkeit, in der Relation des zentralen Motivs (Gekreuzigter, Reh) zu seinem Umfeld, aber auch im Detail: etwa wie das stilisierte Ohr des Rehs durch einen Schatten vom Hals abgesetzt ist, nicht anders als der stilisierte Wangenknochen des Gekreuzigten über einer verschatteten Partie hervortritt, oder wie die orange-rot-violetten Flächen rechts über dem Kopf des Rehs modelliert bzw. gegeneinander abgegrenzt sind, entsprechend den gelb-orange-roten Formen links neben der Brust des Gekreuzigten. Das Bildgefüge erscheint im ganzen bei Franz Marc gefestigter, kristalliner, bei Hemmerich lockerer, ornamentaler, doch die Orientierung des letzteren an der Formensprache des zwölf Jahre älteren Künstlerkollegen ist offensichtlich.

Etwa ein Jahr vor der 'Kreuzigung' hatte Hemmerich eine im Probedruck überlieferte Radierung geschaffen, die ihrerseits den Krieg zum Thema nimmt (S. 8). Auf einer schmalen Bodenzone steht eine monumentale totengesichtige Gestalt, die breitbeinig, mit der ausgestreckten Rechten auf ein riesenhaftes Schwert gestützt, über einigen am Boden liegenden vergleichsweise winzigen Menschen aufragt. Während sie mit der Linken einen der Menschen an der Hand ergriffen hat, den, wie es scheint, noch einer der anderen festzuhalten sucht, blickt ihr Totengesicht aus dunklen Augenhöhlen grimmig auf das hilflos ihr ausgelieferte Opfer herab. In allegorischer Form, durch eine Personifizierung des Todes oder des Krieges, wird das drohende oder bereits begonnene Tod und Verderben bringende Kriegsgeschehen veranschaulicht; dabei bedient Hemmerich sich des Mittels einer Gegenüberstellung von Groß und Klein, um das Übermächtige und die

---

[5] Franz Marc, Reh im Klostergarten, 1912, Öl/ Lw., 76 x 101 cm, sign. u. re.: Marc, Städtische Galerie im Lenbachhaus, München. Klaus Lankheit, Franz Marc. Katalog der Werke, Köln 1970, Nr. 187; Claus Pese, Franz Marc. Leben und Werk, Stuttgart, Zürich 1989, Tafel 85.